SARTRE

자유로운 실존과 글쓰기를 위해 살다

SARTRE

장폴 사르트르

마틸드 라마디에 글

아나이스 드포미에 그림

아나이스 드포미에, 나윌 사이디 채색

임미경 옮김

박정태 해제

작은길

"구원이 불가능하다고 해서 장신구처럼 부차적인 것으로 치부해 버린다면 남아 있을 가치가 무엇이겠는가? 한 인간은 모든 인간을 구성 요소로 하여 형성된 존재로, 인간 모두를 합한 만큼의 가치를 지니며, 또한 누구라도 그와 동일한 가치를 지닌다."[1]

철학자의 생애에 대해 이야기한다는 것은 언제나 무모한 도전이다. 본질적인 것은 그의 저서들이 보여 주는 탁월함, 딱딱하고 어렵기는 해도 그의 사상이 지니는 중요성인데, 그런 본질을 놓칠 위험이 그만큼 크기 때문이다. 하물며 그 생애가 밟아 나간 여정을 말풍선 하나하나에 담아 내는 일은 말할 것도 없다.

하지만 사르트르가 우리에게 가르쳐 준 한 가지가 있다면 그것은 철학자의 생애란 그가 남긴 글만으로 요약되지는 않는다는 점이다. 그의 생애는 그 자신의 존재 기획, 즉 기투(企投)[2]의 결과로, 기투를 통해 그는 자기 존재를 선택하면서, 자유 행사의 일환으로 모든 사람을 선택한다. 그럴 때 그가 형성하는 관계들 하나하나가 이 모범적인 존재의 피륙을 구성한다.

예를 들어 가족과 가문의 다양한 유산과 맺는 관계에 대해서 그는 그 관계들을 받아들이거나 혹은 끊어 버린다. 또한 책들에 대해서도 읽은 후 버리거나 소장한다. 니장, 메를로퐁티 등 친구들과 우정을 맺고, 남자들과 여자들을 사랑하고, 여러 사건에 참여하는 것이다. 어느 경우든 책임이 뒤따르는데, 그 책임이란 그가 자신의 몫으로 떠맡은 것이다.

오늘 우리가 사르트르를 읽기 위해, 그리고 그의 존재였던 사유의 모험 속으로 함께 따라나서기 위해 의지하는 것이 바로 이 모든 관계들이다. 『구토』와 『존재와 무』의 저자인 사르트르로서는 시몬 드 보부아르와의 만남, 그들을 일생 동안 하나로 묶어 준 그 동지 관계를 떼어 놓고 그 관계들을 말할 수 없을 것이다.

마틸드 라마디에와 아나이스 드포미에는 이 만남과 동지 관계를 추적의 실마리로 삼아 우리를 사르트르의 생애로 안내한다. 보부아르의 생애이기도 한 이 여정은 그들이 고등사범학교에서 만나 2차 세계대전 직후 실존주의의 대중적 성공을 목격하기까지 펼쳐진다.

사르트르가 세상을 떠난 지 30년이 지난 오늘날에도 그의 사유가 전 세계에 발하는 빛은 여전히 우리를 놀라게 하는데, 마틸드 라마디에와 아나이스 드포미에는 이 사유의 기원을 한 걸음 한 걸음 따라가며 그 의혹의 순간들, 그 좌절들을, 하지만 무엇보다 섬광처럼 반짝이는 그 성취들을 그려 보인다.

---

1 사르트르, 『말』의 마지막 구절.
2 실존철학에서 현실에 내던져진 인간이 능동적으로 존재에 뛰어들기. 인간의 모든 행위는 기투이며, 기투는 또한 자유로운 선택이다.

잠시 이 책을 통해 우리 눈앞에 『말』의 저자가 되살아난다. 그의 주위에 육신들이 살아 움직인다. 만약 그러고자 한다면 우리는 대화를 나누는 그의 목소리, 불꽃 튀는 논쟁, 이해하고 분석하고 가르치려는 욕구를 어느 정도 향수에 젖어, 마치 현장에서 듣는 것처럼 다시 되살려 낼 수 있을 것이다. 그리하여 우리는, 이 시대의 혼란 속에서 그는 현실적 효력을 조금도 잃지 않았을뿐더러 하나의 토대이자 구원이라는 사실을 발견하게 될 것이다. 자 이제 이 책을 읽을 준비가 되었다.

마르크 크레퐁

파리 고등사범학교 출신 철학자로, 국립과학연구센터CNRS(후설 연구소) 소장, 2011년부터는 고등사범학교 철학과 학과장직을 맡고 있다. 『위협적인 동의』(2012)와 『글쓰기의 소명』(2014)을 비롯하여 15권가량의 책을 썼다.

슈바이처 목사
1820년쯤 알자스에서 태어남.

성명 미상의 가톨릭교회 대리인
알자스 지방 어느 읍에 거주.

루이 슈바이처
온건한 목사.

오귀스트 슈바이처
상인.
평탄한 생을 누림.

샤를 슈바이처
독일어 교수. 장폴의 모범.
권위적이며, 수염을 너무 길게
기르고, 거만한 편이지만,
그런 점이 문제 되지 않은 것은
그에게 하느님을 연상시키는
면이 있어서이다.

루이즈 귀유맹
뚱뚱한 알자스 여인. 종종 심술을 부림.
신혼여행 때 남편이 가자는 대로 기차역
구내식당에 따라 들어갔다가 음식 맛이
없어서 쫄쫄 굶은 일을 여전히 불평한다.
게다가 첫날밤 잠자리 이야기를 즐겨
늘어놓는다.

알베르트 슈바이처
신학자, 의사.
가문의 첫 번째 스타.
1952년 노벨평화상 수상.
(사르트르는 그의
사촌누이의 아들.)

두 사람이 얻은 첫딸은 어릴 때 사망.
그 뒤 조르주 슈바이처(이공과 대학 졸업)와
에밀 슈바이처(독일어 교수)*가 태어남.
안마리는 그 다음에 얻은 막내딸.

조제프 망시
이공과 대학 출신 해양 기사.
1917년 안마리가 재혼한 상대.
유머라고는 조금도 없는 성격.

안마리 슈바이처
출가한 딸.
쾌락보다 의무를
중시한다.

*(원주) 에밀은 정신병 발작으로 1927년 사망. 그의 베개 밑에서 구멍 난 양말 백 켤레가 나오기도 했다.

농부 일가

삯바느질 재봉사를 뜻하는 페리고르 지방 사투리
'사르토르'에서 '루 사르트루'라는 이름이 유래됨.

샤부아와 퇴리에 가족

부자가 대를 이어 약제사가 됨. 페리고르 지방의회 의원이자
티비에 많은 땅을 소유한 지주.

시골 의사 에마르 사르트르

소문에 의하면 지참금 액수를 속였다고
40년 동안이나 아내에게 말을 걸지 않았다.

엘로디 샤부아

송로버섯을 곁들인 거위 간 요리가 주특기.
엘로디 사르트르라는 이름으로 지내 온 46년 동안
부부간에 무관심하며 대화 없는 결혼생활을 함.

장바티스트 사르트르

이공과 대학을 졸업한 청년
해군 장교. 1904년 안마리를
만나 결혼, 1906년 파리에서
사망.

조제프 사르트르

티비에 마을 사람들이
'행복한 천치'라고 부른 인물.

엘렌 란느

일명 '랑트랑빌 부인'.
광증이 있는 장교와 결혼.
오빠 장바티스트를
무척 따랐다.

장폴 샤를 에마르 사르트르

1905년 6월 21일, 파리~1980년 4월 15일, 파리.
"한 인간은 모든 인간을 구성 요소로 하여 형성된
존재로, 인간 모두를 합한 만큼의 가치를 지니며,
또한 누구라도 그와 동일한 가치를 지닌다."

이 책을 자유를 잃은 모든 이에게 바친다.

작업을 시작할 때부터 나를 격려해 준 가족과 친구들에게 감사한다. 언젠가 『사르트르에게 보내는 편지』와 『카스토르(와 다른 친구들)에게 보내는 편지』를 '손수' 만든 서표 두 개와 함께 예쁘게 포장해서 선물해 준 필에게 감사의 말을 전한다.

"여러분 사랑합니다."

— 마틸드

사랑하는 준비에브 할머니에게 이 책을 드립니다.

벵에게, 그가 보여 준 변함없는 응원과 한없는 인내심에 대해, 또한 일일이 들 수 없는 도움에 대해 감사한다.
매번 용기를 북돋아 준 부모님과 형제자매, 가족 모두에게 그리고 리용, 파리, 그 밖의 여러 곳의 내 친구들에게 고마움을 전한다.
특히 이 책의 채색 작업에 귀한 도움을 준 나웰 사이디, 플로랑스 샤텔랭, 벵야맹 뒤푸이, 세드릭 마엔, 플로랑 가르시아, 그리고 토마 브리소에게 한없이 감사한다.
끝으로 마틸드에게, 그가 보여 준 신뢰와 우정에 대해 그리고 나를 사르트르라는 드넓은 세계로 초대해 준 데 대해 감사한다.

— 아나이스

처음부터 우리를 믿어 주고 친절과 응원을 아끼지 않은 다르고 출판사의 프랑수아 르 베스콩에게 감사한다. 또한 기꺼이 함께 작업해 준 폴린 메르메, 르노 드 샤토부르, 에브 바르댕, 아드리엥 상송, 필립 라봉, 그 외 모든 편집팀원에게 큰 고마움을 전한다.

— 마틸드와 아나이스

제1부

"나는 복종을 배운 적이 없다."

1855년, 알자스 파펜호펜의 슈바이처가 저택.

푸후…

샤를이 읽는 많은 책들이 이 가족의 역사가 될 것이다.

1905년 봄, 파리 16구 시암 거리.

샤를의 딸 안마리는 남편 장바티스트가 곁에 없는 허전함을 문학작품으로 달래려 한다. 해군인 남편은 '순양함'에 올라 장기 항해 중이다.

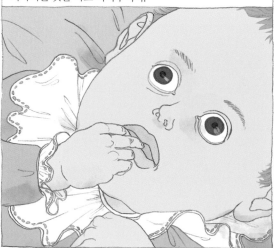

이야기는 벌써 한참 뒤로 달려간다.

하지만 생각이 시작되는 것은, 글로 옮길 수 있는 기억이 시작되는 것은 바로 여기부터다.

내 아버지는 몇 번의 출항 끝에 어이없게도 황열병에 걸려 젊은 나이에 세상을 떠났다. 나는 아버지를 알게 될 기회를 얻지 못했다.

내 생애 어느 한 순간 아버지와 내가 이 지상에 함께 있었다는 사실, 내가 생각하기에는 그것이 우리가 나눈 전부이다.

1910년, 파리 뤽상부르 공원.

내가 가끔 교회에 갈 때마다 신부가 "하느님은 우리 가운데 계십니다!" 하는 거야.

그러면 경건한 척 점잔 빼던 여인네들도 깜짝 놀라는 거야. 할애비의 이 흰 수염을 보고 진짜 하느님이 나타난 줄 안 거지.

하하하! 멍청이들!

외할아버지는 어떤 상황이든 재미난 이야기로 만들 줄 아는 특별한 재주가 있었다.

내 조랑말을 타면, 달릴 때마다 방귀가 뿡뿡!*

---

* 프랑스 동요. 아이를 무릎 위에 앉히고 말을 태우듯이 다리를 들썩이며 불러 주는 노래

몇 달 뒤, 집을 떠나 학교에 들어가야 했다. 친구들을 만나게 된다.

교육자이며 공화국 예찬자인 샤를의 고집 때문에 그의 손자 '풀루'는 또래보다 먼저 몽테뉴 리세*에 들어갔다.

다음 날 저녁, 첫 번째 받아쓰기 시험 답안지를 본 할아버지는 실망해서 화를 낸다. 그 답안지에서 글쓰기 소질을 발견하기란 무리이다.

산… 토끼… 는 백리향… 을 좋아한다.

이 답안지의 주인과 그의 공범인 엄마는 이런 일이 조금도 심각하지 않다. 오히려 그 반대이다.

하하하! 얘는 맞춤법을 잘 모르네요. 단지 그뿐이에요!

거시기인지 뭔지 하는 그 학교에는 안된 일이군요. 어떤 학생을 놓쳤는지 모를 테니까요!

* 고등중학교.

14

나는 내 삶을 살기 시작했다. 책 속에 파묻혀서 말이다.
아마 마지막에도 나는 그렇게 삶을 끝마치게 될 것이다.

푸후….

이제 뭘 읽을까….

아하!

엄마, 이 책*
읽어도 돼요?

잘 쓴 책이라면
절대 해로울 일은
없지.

블랑슈, 말조심해 줘요.
내가 아이 가르치기가
어려워지니까요.

풀루가 나이에 안 맞게 이런
책을 읽는다면, 어른이 되어
뭘 하겠어요?

책 속 이야기를
겪어 볼래요!

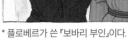

* 플로베르가 쓴 『보바리 부인』이다.

1917년, 라 로셸.

안마리는 조제프 망시와 재혼한다. 그는 실용성을 중시하는 해양 기사로, 권위적이고 무뚝뚝하며 시기심이 많은 남자다. 파리를 떠나 지낸 이 3년 동안, 문학은 이제 일상의 진부함을 바꾸는 마법을 잃어버린다.

새로 구성된 이 3인 가족 안에서, 잃어버린 문학을 대신한 것은 1차 세계대전의 소용돌이이다.

다른 모든 사람들과의 관계에서도 마찬가지이다.

예쁘다고?

끝내주게 예뻐!

요전번에 다 봤거든. 그 여자가 나한테 진짜 다 보여 줬어.

17

아 나는 말이야, 파리에 단골 애인이 있지.

그 애 이름은 리제트 주아리스이고 또…

단골 애인이라고?

그래, 맞아, 애인. 호텔에 함께 들어가는 사이지.

그 여자는 나 없이 살 수 없을걸.

Mon cher Jean-Paul chéri, tu me manque beaucoup. Quand reviens-tu me voir à Paris

사랑하는 장폴, 당신이 너무 그리워. 파리로 돌아오면 나를 만나러 와.

오오!

어디 나도 보여 줘?!

이런 분야의 주도권을 포함해, 뒷골목 패거리들과 맞서는 방법은 폭력에 정면으로 맞서는 것이다. 비록 그것이 또한 스스로 가진 자, 즉 부르주아지가 되는 일이기는 했지만.

1922년, 파리 카르티에라탱 구역

앙리4세 리세 과정을 마쳤다.

S.O.를 위해 건배. 파리 '공인 사티로스'를 위하여! 넌 스피노자와 스탕달을 한 몸에 합쳐 놓은 것 같아! 탁월해!

못 말리는 니장. 그러다 밤새우겠어.

하지만 나는 모험소설도 아주 좋아해. 너 같은 슈퍼맨들이 등장하는 영웅 활극도 즐겨 읽는걸!

'고등'하다고 하는, 이른바 그 사범학교를 향하여!

우리는 우선 철학을 원했다. 어떤 새로운 철학, 20세기에 어울리는 단순하면서도 강렬한 철학, 데카르트를 계승한 혁신적인 철학을 꿈꾸었다. 그때까지 나는 19세기 안에서만 살아왔다.

어느 토요일 아침. 파리 지하철 안, 여느 때와 별다르지 않은 상황…

생미셸 역입니다!

LES NOURRITURES TERRESTRES

지상의 양식
앙드레 지드

삐익!

?

SUPPOSITOIRES MIDY
HEMORRHOÏDES

좌약
MIDY
치질

나는 미디 좌약 판촉물인 이 수첩을 채워 나가기 시작했다.
내 생각을 알파벳 순서로 적어 넣은 것이다. 개념을 만들면서
필연성을 이끌어 내려 했다.

또한 별안간 나타나는, 그 자신의 시간성 속에 존재하는 독자를 위한 시간도 넣었다.

내가 보고 듣는 영화나 소설 속 이야기에서 필연적인 것들을 만나곤 했다. 처음에는 작가가 되어 문학작품을 쓰고 싶었다. 하지만 작가가 되려면 기본 토대인 철학부터 세워야 했다.

소설 한 권을 다 읽고 나면, 영화를 보고 영화관을 나서면, 이유 없이 덧붙여진 사소하고 우발적인 것들이 너무 많이 내 눈에 들어오곤 했다. 그런 것들만 보였다. 이 세계에서 정말 필연적인 것은 무엇일까 궁금해졌다.

빌어먹을!

픽!
PAF!

이 나무뿌리는 왜 하필 여기 있는 거야!

여기 하나 더 있군. 이건 있어야 할 필연성이 없는 것, 우연이지. 이 나무뿌리는 그냥 여기, 내 발밑에 있는 거야. 다른 모든 것이 그렇듯이….

1929년, 파리 고등사범학교의 어느 월요일 아침.

네 신작『올-빼미 예수』는 실제 사건에서 아이디어를 얻은 거니?

예전 우리 철학 선생 '퀴퀴필로'에게서 영감을 얻었대. 그 선생은 살아 있는 전설이잖아! 하하!

그래 맞아, 그때 일은 정말 심했어.

이봐 친구들, 그런 낡은 방식으로 가르치는 선생들이 있는 것만 봐도, 대학이 철학을 공부하기에 가장 좋은 곳은 아니라는 게 분명하잖아.

?!

자, 들어 봐! 합당한 관례와 관습이라는 것은….

저기 또 다른 탈라* 다!

우-우-우-우 올-빼미!

* 고등사범학교 학생들이 사용하는 은어로, '미사 참석자' 즉 가톨릭교도를 가리킨다.(원주)

앗!

그만둬, 때리지 마.
그냥 놔 줘!

우후! 이상은 권투
선수 '키키 사르트링'의
말씀.

왜지 모르겠지만
네가 마음에 들어,
메를로퐁티.

나야 12살 때부터
무신론자이긴 하지만.

23

몇 달 뒤, 에르네스트의 뜰*. 철학 교수자격시험을 힘들게 준비하고 있다.

SCLAF!

펙!

차라투스트라는 이렇게 오줌을 쌌지, 어때!

얼치기 니체 신봉꾼인 저 프티부르주아들을 굴레에서 해방시키려고 이런 엄청난 힘을 쏟아야 하다니.

* 고등사범학교 교정의 정사각형 뜰. 학생들은 뜰 한가운데 연못에 있는 물고기들을 '에르네스트'라고 한다.

24

재들은 마비됐어. 자기 상황에서 벗어나려는 노력을 해 본 적이 없지. 저 바보들은 마약의 힘을 빌리는 일 같은 건 엄두도 못 내. 지향성*없는 것들! 앞으로 이 현상을 연구해 심리학 시론을 써 볼 계획이야.

좋아, 친구들. 지금 익살이나 부릴 때가 아냐. 난 다시 도서관에 가서 베르그송을 읽어야겠어.

어느 도서관에 갈 거니, 르네?

물론, 생트준비에브 도서관! 거기서 카스토르와 만나기로 했거든. 누군지 생각해 봐.

?

시몬 드 보부아르. 영어식으로 읽으면 비버. 그래서 카스토르**라고 불러. 소르본의 여학생인데 그 친구도 교수자격시험을 준비해.

심지어 예쁘기까지 해!

?!

흠….

* 의식의 지향성(志向性.) 사르트르가 현상학에서 빌려 와 활용하게 될 개념으로, 그에 따르면 의식의 존재 방식은 빈 그릇 같은 것으로, 필연적으로 무언가를 채우려는 성질을 지닌다.

** Castor, 영어 Beaver에 해당하는 프랑스어 단어. 보부아르(Beauvoir)가 비버처럼 부지런히 공부만 한다는 점을 빗댄 이름이기도 하다.

얼마 뒤, 팡테옹 광장.*

아하, 칭찬이 자자한 '건설적인' 재원이 바로 당신이군요.

그런 입에 발린 말은 넣어 둬요. 댁에 대한 소문은 이미 들었어요. 눈치채지 못하게 댁을 훔쳐본 적도 있는걸요.

음… 카스토르라는 그 별명을 행동으로 완성해 보일 생각인가요?

당신은 내가 생각했던 것보다 훨씬 아름다워요….

* 광장 왼편에 생트준비에브 도서관이 자리 잡고 있다.

26

그러니까 고작 스물한 살인데 교수자격시험을 준비해요? 조금 부풀린 거 아녜요?

그쪽은 고등사범학교 학생치고는 조금 삭은 것 같은데요?

아, 그건 내가 되는 대로 살다 보니…

그래도 벌써 책을 몇 권 썼어요.

맞아요…. 아직 인정받지 못했어요. 그래도 곧 출간될 책을 또 쓰고 있어요.

나도 작가가 되고 싶어요.

갑시다. 맥주 한잔해요!

몇 달 뒤, 바뱅 거리 29번지 '쉐 레 비킹'. 우수한 성적으로
교수자격시험을 통과한 것을 축하하는 자리이다.

이것으로 공부벌레 생활은 끝, 이제 자유가 시작되는 것이다.

수석과 차석을
차지한 너희 두
사람을 위해 건배!

네가 해낼 줄 알았어,
진품 철학자님!

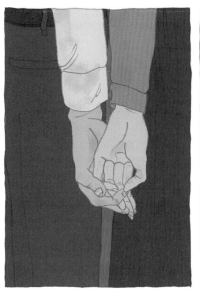

내 사랑, 그날 밤 '비킹' 카페에서만큼 우리의 사랑을 강하게 느껴 본 적은
없었어. 나를 바라보는 당신이 너무 다정해서 나는 울고 싶을 정도였지….

며칠 후, 카페 플로르의 테라스에서 엘렌 드 보부아르와 함께.

정말로 호텔에서 지낼 생각이야?

그렇지만… 언니도 언젠가는 그 사람과 결혼해야만 할걸! 게다가 언니는 우리 집 사정을 알잖아.

후우….

너를 보니까 정말 기뻐, 사랑하는 내 동생아! 하지만 정말이지 이런 골치 아픈 이야기는 그만두자.

좋아. 하지만 이건 언니와 그 사람을 위해서 하는 말이기도 해. 두 사람이 각자 교육부의 발령을 받아서 자리를 잡게 되면, 기쁘게 결혼생활을 누릴 수 있을 거야.

결코 그럴 일은 없어. 나는 결혼이 싫어.

우리는 결혼이라는 어리석은 짓을 저지르기에는 서로를 너무 사랑해. 바로 그래서야.

30

파리 5구 라 부슈리 거리. 시몬의 아파트.

음…

정말 우연성을 원하는 거야, 사르트르?

우발적인, 가벼운 연애 말이야.

내가 원하는 건 세계와 접촉하는 거야, 카스토르. 세계와 만남!

난 아무것도 갖고 싶지 않아. 책도! 책이란 읽으면 되는 거니까. 철학책이든 문학책이든 탐정소설이든 내 소유로 하고 싶지 않아.

당신 육체에 대한 독점권도 마찬가지야!

나는 장상테르*, 가진 땅이 없는 장이야. 신도 없고, 재산도 없고, 유산도 없어.

그래, 그렇지만 당신은 작년에 할머니의 유산을 상속한 걸로 아는데!

어… 맞아. 그렇지만 내가 그 유산을 어떻게 했는지는 당신도 알잖아.

겨울 내내 친구들과 잘 어울려 다녔잖아. 또 올여름에 에스파냐 휴가 비용으로 썼지. 기억해 봐.

요컨대 우리는 생을 살고 있어!

그래, 물론 살아 있다는 건 좋은 일이야. 하지만 다시 우리 문제로 돌아가자. 당신은 작가의 삶을 살고 싶어 해. 그 점은 좋아.

말하자면 우발적 연애가 널린 작가의 삶을 살고 싶어 하잖아.

그래, 하지만 우리는 이제 서로를 알게 되었어. 우리가 헤어지는 일은 결코 없을 거야. 당신은 끝까지 나를 믿어도 돼.

그래.

* Jean-sans-Terre. 거처할 곳 없이 떠도는 방랑자이자 동시에 구속 없는 자유인을 상징한다.

32

우린 교수자격시험도 통과했고, 매인 데 없이 자유롭잖아. 우선 여행을 가자. 많은 것들과 많은 사람들을 만나고….

내가 원하는 것도 바로 그거야! 삶이 나에게 제공할 수 있는 모든 것을 경험하는 일.

내게 중요한 일은 내가 당신한테 필요한 사람이 되는 거야. 당신은 자유로워, 카스토르. 그렇지만 나는 당신이 나보다 여건이 좋은 누군가와 같이 자는 건 싫어. 그게 다야.

당신의 성도덕 때문에? 하하, 이제 보니 당신은 자기 틀 안에 갇혀 있구나!

아냐, 하지만 결국 진실은 모호할 수밖에 없어. 어떤 의미에서는 그래.

당신을 사랑해, 당신과 당신의 지극히 확고한 진실들을. 다른 사람들은 그들의 어리석음에 갇혀 있으라지.

어리석음, 그건 그들에게 주어진 억압의 형태니까.

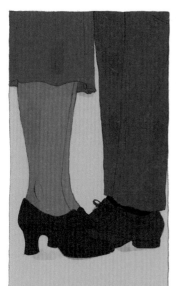

사르트르가 처음 철학 교사로 간 학교는 르 아브르 리세이다.
시몬은 마르세유로 가게 된다. 이별이란 힘든 일이다.

이 와중에 그는 상상력에 관한 철학심리학적 시론을 준비한다.

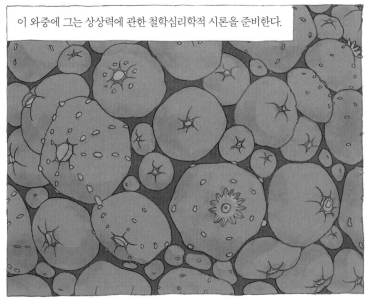

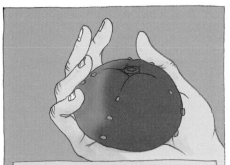

앙리 들라크루아가 내게 말했다. "상상계에 대한 책을 써 보시오…." 못할 이유가 무엇인가…. 어쨌거나 그런 연구는 내게 도움이 될 수 있다. 문학작품을 쓰는 경우에도 말이다.

나는 인간의 정신에서 상(像)이 어떤 역할을 수행하는지 알고 싶었다.

이따금 거울 속의 내 모습을 들여다보면 어떤 수렁이 보인다.

끈끈한 점액질로 덮인 수렁이다.

제2부

"카스토르 성좌"*

1933년, 베를린 쿠담.

사르트르는 르 아브르에서 교사로 근무한 뒤, 레몽 아롱 후임으로 베를린 프랑스연구소 연구원이 된다. 시몬은 마르세유를 떠나 루앙에서 다시 교사로 근무한다.

사르트르는 후설의 현상학을 통해 지각(知覺)과 정신 현상에 대한 연구에 뛰어든다. 그는 이 독일 철학자가 몇 년 전 소르본 대학에 초청받아 왔을 때 강연을 들은 적이 있다.

이런!

퍽
PAF

사르트르는 순수의식에 관한 이 새로운 학문에 빠져든다. 이것은 자연과학도 아니고 심리학도 아니다.

개념보다는 현상에 의거하여 철학에 접근하는, 좀 더 실험적인 방법이다.

Kneipe

또 다른 연구원인 앙리 브룅슈비그는 학위논문을 쓸 목적으로 프러시아 제국 내의 낭만주의적 정신구조를 연구 중이다.

아, 왔군!

그런 점에서 그는 이 새로운 환경이 보여 주는 현상들을 이해하는 데 좋은 파트너이다.

어이!

자네 얼굴이 안 좋아 보이네!

이 거리의 예쁜 베를린 여자들은 내 못생긴 얼굴을 보는 순간 모두들… 뭐랄까… 그럴 때마다 기분이 우울해져.

쯧쯧.

Was Möchten sie bestellen*, 사르트르?

어… Ein bier … Bitte!**

알다시피 난 여자들의 환심을 사고 싶을 땐, 연극배우로서 내 재능과 말솜씨를 이용하곤 해. 확실히 통하거든.

그래, 바로 그거야.

응.

그래그래, 알아, 안다고.

하지만 여기선 할 줄 아는 독일어가 세 개밖에 없는데, 뭘 할 수 있겠어? 완전히 망했지.

!

응; 자네가 오기 전에 소시지를 주문했어. 그걸 먹으면 기분이 좀 나아질 거야.

* "무얼 주문할 거야?"
** "맥주 한잔 주세요."

40

게다가 이런 소시지를 먹으니까 몸이 아기 부처처럼 통통해지고 있잖아.

오호!

그 여자가 있잖아, 우리 프랑스인 그룹에 있는, 마리.

아, 그 공상적인 여자! 이미 결혼했어. 물론 그렇다고 내가 손을 떼야 한다는 건 아니지만. 어쨌거나 그 여자는 공략하기 힘들어. 수다 떠는 걸 싫어하거든.

열 번 찍어 안 넘어가는 나무 없다고, 결국 자네에게 넘어올걸. 그 여자 실존철학에 관심 있나 봐. 키르케고르를 읽고 있어. 자네는 그 지점을 공략해야 돼.

아, 그렇군!

그 여자가 「유혹자의 일기」*를 읽다니! 그 책은 나를 우울하게 해. 지극히 실존적이 되게 하거든.

이 말은 카스토르에게도 했어. 그 책을 보내 달라고 부탁도 하고. 그 공상적인 여자가 우리 연구소 도서관에 딱 한 권 있는 걸 빌려 가 버렸거든.

살아가는 동안에는 자신의 삶이 어떤 모습인지 볼 수 없다. 삶은 지나가고 나서야 모습을 드러낸다. 그리고 그 속에 당신이 있는 것이다.

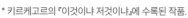

* 키르케고르의 『이것이냐 저것이냐』에 수록된 작품.

간단히 말하자면,
나는 성년으로
넘어가는 것을
감당하기 어려워했다.

그런 사실을 나는 또다시 카스토르와
떨어져 지내야 하는 순간에 깨달았다.

그럼 당신은
후설의 어떤 점에
가장 끌린 거야?

최초의 의식을 향해 거슬러 올라가려는
그 의지가 흥미로워. 그건 어떤 면에서는,
물리학자에게 원자와 같은 의미라 할 수 있지.
난 의식이 떠돌고 있다고는 생각지 않아.
실재와 무의식 같은 것 사이를
떠다닌다고 말이야!

그래서 당신 생각은
결국 뭐지, 사르트르?
그 안에 무엇을 끌어들이고
싶은 거야? 주체로서의
'나'?

확실하지는
않아!

그렇다 해도 '나'는 내재성,
그 겹겹의 깊이의 생산자야.
'나'가 있어야만 자의식의 문제를
풀 수 있어.

아냐, 카스토르. 나는
의식이란… 지향성에 의해
정의된다고 생각해!

42

그렇다면… 의식이… 욕망하는… 모든 대상은…

의식은 대상을 겨냥해. 미래에 있을 수밖에 없는 일종의 초월이거든.

당신은 언제나 나를 믿어도 돼. 알겠지?

하하!

그러니까 방금 한 이야기에 비춰 보자면, 여자는 더 연약하니까 욕망과 관련해서 남자에게 의지할 필요가 있다고 말하고 싶은 거야?

의식으로서 자신을 정의하자면 그래야 한다는 거군! 그건 남성우월적 생각이잖아!

하하하!

또 말하고 싶었던 건 내가 베를린에 가면 당신은 나를 몹시 그리워할 거라는 거야.

사르트르는 독일철학을 공부하고 유럽 문화의 기반인
이곳에 일 년간 머물면서도 정치에는 관심을 기울이지
않지만, 당시 베를린에는 이미 정치적 긴장감이 퍼져
나가고 있었다.

1935년 봄, 파리 라보에서 거리. 시몬 드 보부아르는 화가 페르낭도 제라시의 개인전을 찾는다. 제라시는 그녀가 예전부터 속을 털어놓으며 친하게 지내 온 사람이다.

사르트르는 베를린에서 돌아온 뒤 정말 정신이 나갔어요. 인간 정신을 탐구한다고 그런 실험을 하는 건지…. 내가 올가라는 꼬마 악마를 만난 뒤부터는 마치 발작을 일으킨 것처럼….

다른 커플 얘기라면, 있을 수 있는 일이라고 조언해 줄 텐데….

당신 둘은 그 계약결혼이라는 조건이 있으니

그 사람은 버터 판 돈과 버터 둘 다 가질 수 있다고 보나 봐요.

그래요! 하지만 버터 가게 여자는 가질 수 없지요!

뭐가 불만이랍니까? 당신 같은 여자를 곁에 두고. 당신 옆자리는 전 인류가 탐낼 만한 자린데.

그가 그 인류가 아니라는 게 문제지요. 다른 남자들과 다를 바 없는 존재거든요. 그의 표현을 빌리면, 모든 존재를 합한 만큼의 가치를 지닌 한 존재.

내 일은 잘 풀리고 있어요. 그 사람이 문제지요. 그 나머지 일은 나머지일 뿐이잖아요. 올여름에 내가 루앙을 떠나면, 분명 내 기분도 훨씬 나아질 거예요.

아하, 바로 이런 모습! 당신이 지혜롭다는 걸 새삼 알겠어요. 부수적인 것들은 덮어 둘 줄 아니까.

45

그런데 말이에요, 나는 내 그림에서 부수적인 것들을 없애고 싶어요. 삶, 그림… 이 둘은 조화를 이루기 정말 어려워요.

이 문제는 당신이 연구하는 철학에서도 마찬가지예요.

맞아요. 우리가 세운 이론에서 벗어나 살아 봐야 해요. 우리는… 레 망다랭* 이 되는 데 시간을 다 바치고 있거든요.

여행 가서 세벤느 지방을 걸어서 돌아 보려고요.

사르트르는 자기 몸을 챙기는 일에는 관심이 없거든요.

난 산책하고, 춤추고, 침대에 쓰러져 자요. 그 사람은 줄곧 파이프 담배만 피우고 싶을걸요. 의자에 꼿꼿이 앉은 채로.

안됐군!

그는 계속 생각해요. 한시도 쉬지 않고. 나도 생각을 많이 하지만 그렇다고 생각하는 데 시간을 다 바치진 않거든요.

내가 한시도 붓을 놓지 않는다면, 내 상태가 어떻게 돼 있을지 생각해 봐요. 난 훨씬 더 굼뜬 인간이 되어 있을걸요!

당신은 무슨 재주로 그렇게 짬을 내서 모두에게 열심히 편지를 써 보내는 겁니까?

….

* 특권적 지식인. 보부아르의 소설 제목이기도 하다.

46

사르트르와 보부아르는 서로 온갖 시시콜콜한 이야기를 편지에 다 쓴다. 브라스리에 들어가 주문해 먹은 음식부터 머릿속에 떠오르는 초월적 의문에 이르기까지, 모두 털어놓곤 한다. 각자의 밤에 일어난 관능적인 일들에 대해서도 빼놓지 않는다.

오늘 밤 또다시 어느 곳간에서 묵었어.

구름이 온 천지를 휘감아 돌고 있었지.

우리가 다시 만날 때는 빈털터리에 꾀죄죄한 내 모습을 보게
될 거야. 내 소중한 작은 존재에게….

부자일 필요도 없고 깔끔해야 할 필요도 없잖아.
우리의 기쁨과 우리의 즐거움은 사실, 지성에서
비롯된 것일 테니까. 그러니 다른 것들은….

발고르주 아르데슈 지방.

부인, 우리 농장에서 만든 샤튀*를 더 드시겠습니까?

어… 네, 한 잔 더 주세요.

즐기려고 여기 온 건 아니에요!

사르트르는 어머니와 새아버지를 따라 마지못해 여행을 갔다. 노르웨이 해안을 따라가는 크루즈 여행이다.

나의 사랑스런 존재에게, 당신이 얼마나 멋진 표현으로 백야를 묘사해 줄지 궁금해. 세상에나, 지금쯤이면 분명 당신은 북극에 도착했을 테지. 트롬세**에서 사미어***를 들어 봤어? 어서 당신을 만나고 싶어. 일주일 후 이 시각이면 우리는 함께 있을 수 있을 거야.

AUBERGE LE GEORGES LE VILLAGE VALGORGE-ARDÈCHE

플로락 역으로 당신을 마중 나갈 생각이야. 답장은

Je viendrais vous chercher à la gare de Florac, comme prév

Vous pouvez m'

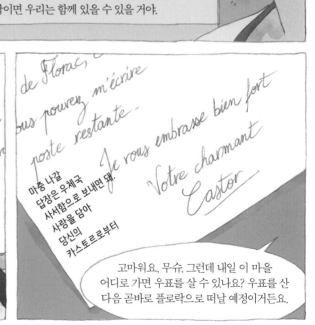

de Florac,

us pouvez m'écrire

poste restante.

마중 나갈 답장은 우체국 사서함으로 보내면 돼.

Je vous embrasse bien fort

사랑을 담아 당신의 카스토르로부터

Votre charmant Castor

고마워요, 무슈. 그런데 내일 이 마을 어디로 가면 우표를 살 수 있나요? 우표를 산 다음 곧바로 플로락으로 떠날 예정이거든요.

* 아르데슈의 고유 품종인 샤튀 포도로 만든 와인.   ** 노르웨이 북부 항구도시.
*** 노르웨이, 스웨덴, 핀란드 북부에서 쓰는 언어.

1936년, 두 사람은 몽파르나스의 한 호텔에 각자 방을 얻어 지낸다.

CLAC

딸깍

잡다한 구속에서 벗어나 그들은 카페 플로르에서 만난다. 그곳에 자리 잡고 앉아, 두 사람의 시간을 만들어 가는 것이다.

BOM
BOM
BOM

쿵쿵쿵

BOM
BOM

쿵쿵

이런 모습을 좋아할 사람은 세상에 없을 것이다.

흥, 정말이지 한구석도 마음에 드는 데가 없어! 망신스럽다니까, 글쎄.

2년 뒤, 그들의 패밀리에 몇 사람이 더 들어온다.

비앙카는 몰리에르 리세에서 카스토르의 철학 수업을 듣고 있다.

르 프티 보스트는 르 아브르 리세의 학생일 때 사르트르를 만났다.

『멜랑콜리아』가 드디어 채택되었어!

갈리마르*가 제목을 『구토』로 바꿔서 출간한대.

아, 반가운 소식이야. 무엇보다 요즘처럼 우울한 시기에 말이지…

구토… 좋네요. 책 주제와 잘 맞는 제목 같아요. 갈리마르 출판사에서도 판매와 결부시켜 생각했을걸요.

세계와 그 참을 수 없는 우연성 말이에요.

맞아, 보스트. 난 서른세 살이야. 벌써 명성을 얻었어야 해.

* 가스통 갈리마르(1881~1975), 당시 갈리마르 출판사 대표.

난 스물여덟이 되기 전에 유명해지지 않으면 다 물 건너가는 거라고 생각해 왔어.

아하, 당신의 그 지론은 알아줘야 해!

맞아. 나는 그 생각을 미디 좌약 수첩에 적어 놓기까지 했지! 하지만 지금 생각하면 그건 바보짓이었어!

그럼 책에 대한 반응을 이미 알고 있는 거예요? 폭발적인 반응인가 보군요!

공쿠르 상 후보에 올랐다더군. 알다시피 비앙카, 난 장식용 훈장 같은 건 질색이야. 크리스마스트리에 거는 꽃줄 같은 꼴이 되긴 싫어.

자, 약속해 줘. 남들이 나를 가지고 인형극 놀음을 하려고 들면 당신들이 그냥 두고 보지 않겠다고 말이야!

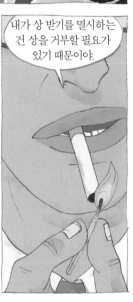

내가 상 받기를 멸시하는 건 상을 거부할 필요가 있기 때문이야.

언젠가는 당신이 철학책이 아닌 책을 낼 줄 알았어.

당신은 내 원고를 처음부터 끝까지 악착스레 다 읽었잖아.

네, 늘 그러시잖아요.

이번에는 한층 더 신랄했어.

맞아, 저 사람은 늘 내게 저런 식의 지적을 하지. 내 작품 인물들 성격이 너무 우유부단하다느니, 문체가 무기력하다느니….

그렇게 심한 말을!

난 복수하려고 조금 악착을 떨었던 거야!

또 당신도 내게 그럴 힘을 주었지.

나에게 중요한 건 카스토르의 평가야. 그런 다음에는, 비평가들이야 쓰고 싶은 대로 쓰라지. 난 상관없어.

선생님은 분명 평론가들의 비평 욕구를 자극할 거예요.

맞아, 사르트르. 당신이 문학에 발을 들여놓았다는 건 당면한 문제들에 질문을 던져야 한다는 뜻이야. 지금 사회문제들과 불가피하게 논쟁을 불러 일으키는 문제들에 대해서.

누구나 구토를 느끼면서도, 아무도 인정하지 않았지요. 하지만 히틀러가 오스트리아를 합병한 만큼, 망할 전쟁을 모두가 겪게 되겠네요.

가야겠어요.

나도 같이 가.

좋네요. 오래된 커플의 장점인가요?

저이는 돈을 챙길 줄 몰라. 내가 못 올 사정이었으면 너한테 미리 말했을 거야. 이달 5일부터는 끼닛거리 살 돈도 없다는 걸.

네, 사실 지금 우리 커플은 세 사람 이상이잖아요. 그만큼 먹는 입도 늘어났고.

1938년 6월 어느 오후, 갈리마르 출판사 안뜰에서 열린 칵테일파티. 샴페인이 돌고 있었지만 즐길 때는 아니다.

잘 지내?

그런대로. 퐁토메를, 갈리마르가 편지 한 통을 받았대. 철학 교수 자격을 딴 울만이란 자가 보냈는데, "『구토』를 읽으면 철학 교수의 악취가 난다." 고 했대. 맞아.

아… 더 중요한 건, 자네가 책을 출간했단 거야! 게다가 브리스 파랭*은 이 작품이 탁월하고 독창적이라고 평했어.

난 나를 설명하는 일에 서툴러. 비난받는다고 느끼면 자존심이 상해 발끈하곤 하지.

이해해. 나는 자네를 아니까.

난 카스토르 외의 누구에게도 날 비판할 특권을 주지 않겠어.

자, 화제를 바꾸자.

전쟁에 대한 이야기도 덮어 둬, 제발.

봉주르, 시몬.

봉주르, 메를로.

실은, 지난번 밤에 영화관에서 니장을 만났어.

* 철학자, 당시 가스통 바슐라르의 조수였다. (원주)

한동안 소식을 모르고 지냈거든.

응, 그 신문은 발행이 들쭉날쭉한데….

니장이 자기 소설을 사르트르에게 줬어. 『음모』란 제목으로 다음 달에 출간된대.

우리 모두가 그 작품 속에 등장한다는 사실!

그런데 『뤼마니테』*지에 글을 쓰더니 『스 스와르』**에도 썼어. 그 신문은 아라공과 블로흐가 편집위원이잖아.

고등사범학교 학생 몇이 뭉쳐 마르크스 공산주의 잡지를 창간하는 내용이야. 그 잡지를 통해 혁명에 참가하겠다고 꿈꾼 거지. 결과는, 예상대로 실패지.

92페이지에 이런 구절이 나와. "사르트르가 대장인데, 지독한 바보였다…"

니장, 이 자식이!

올가을에 그 책에 대한 평론을 쓸 거야. 내가 녀석을 단단히 손봐 줄게. 나한테 맡겨!

아! 뭐랄까… 니장은 정말 발이 빨라. 놀랍게도 그는 3년 전에는 리제트와 함께 소련에 가 있었어. 소비에트 작가동맹회의에 참석하느라고. 솔직히 나도 그와 가끔 연락하는 정도야.

묘하지, 메를로. 철학보다는 정치와 임박한 전쟁이 우리를 더 가깝게 묶어 준다는 생각이 들어.

지금 같은 때는 철학자가 별 영향력이 없으니까. 전쟁 위기감 때문에 우리도 철학 관념보다는 사건 이야기를 더 하잖아.

그래서 우린 더 실존적이 되고 있어.

내가 『구토』에서 다룬 주제는 말이야, 비록 그 책에서 "악취가 난다"고 해도, 이 세계가….

* L'Humanité, 1904년 사회주의자 장 조레스가 창간한 신문으로, 1920년부터 프랑스 공산당 기관지 역할을 했다.
** Ce Soir, 1937년 공산당이 창간한 일간지.

1939년 9월, 기묘한 전쟁*이 시작된다. 사르트르도 당시 많은 다른 남자들처럼 징집되어 알자스의 브뤼마트로 떠나야 한다.

그는 기상관측병으로 복무한다. 최전방처럼 혹독한 환경은 아니지만, 나름대로 어처구니없는 상황에 부딪힌다.

그는 붉은색 기구를 하늘로 띄워 올리는 임무를 맡았다.

병영 생활이 느슨하게 늘어지는 덕분에, 그는 내킬 때마다 편지를 쓰거나 생각을 수첩에 옮겨 적을 수 있다.

폴**은 줄곧 선생 노릇을 하고 있어. 그는 나와 경쟁을 벌여. 그것이 나를 몹시 성가시게 해. 내 사랑, 당신은 나의 작은 의식(意識)이자 증인이야.

방해하지 마시오

만약 당신이 내 곁에 있다면, 이 모든 상황을 명확히 설명해 줄 텐데. 그러지는 못 하더라도 잊지 말고 카페 플로르에 꼬박꼬박 들리시 그곳에서 오가는 말들을 자세히 써 보내 줘.

일전에 타니아***가 보낸 전보도 한 통 받았어. 하지만 그녀에게는 이제 편지를 쓰지 않고 있어. 나를 성가시게 하거든.

* 1939년 9월 1일 독일의 폴란드 침공에 뒤이은 영국과 프랑스의 선전포고로 2차 세계대전이 시작되지만, 1940년 5월 초순까지 독일 프랑스 국경 지대에서 아무 전투도 벌어지지 않았던 시기를 가리키는 말.
** 친구 폴 니장을 가리킨다.
*** 올가. 타니아는 올가가 사용한 많은 가명 가운데 하나.(원주)

저 유명 작가님을 납작 눌러 버려!

잊지 말고 내게 펜심 두 갑을 푸른색 검정색 잉크로 보내 줘. 그리고 내 봉급 3천 프랑을 받았다면 500 프랑을 우편환으로 보내 줘.

어이 사르트르, 이번에는 우리와 함께 가재를 잡으러 갔으면 좋았을 텐데, 섭섭하군!

난 식이요법 중이야, 폴은…

피테 같은 굵은 꼬리*를 잡고 싶지는 않아.

에!

자네가 고등사범학교 출신하고만 어울려서 까다로운 사람이 됐다는 생각은 안 해?

부르주아들과 지내는 일이 그렇게 역겨우면 어째서 그냥 남아 있지?

왜냐하면 내가 익살 광대 짓을 하니까. 그게 바로 내 죄야. 일종의 정신적 현학 취미지. 이해하겠어?

그들이 나를 즐겁게 하지 못하기 때문에, 때때로 내가 그들을 놀리며 즐거워질 필요가 있거든. 그리고 식이요법 덕분에 벌써 허리띠 구멍 하나가 줄었어. 내가 다음번 휴가를 나가면 그걸 확인하게 될 거야. 나의 카스토르, 당신은 작은 마법이야.

몇 시간 뒤…

프랑스인이란 소고기는 잘 먹으면서, 가축을 어떻게 도살하는지 도살장을 한 바퀴 둘러보자고 제안하면 욕을 퍼부을 유형이 대부분이지.

나는 도살장 가까이에 가 보기는 해.

* 피테는 동료의 이름이자 독한 담배로 알려진 피테 스토이베산트를 떠올리게 하는데, 프랑스어 'gros cul(큰 엉덩이)'에는 군대 담배라는 의미도 있기 때문이다. 따라서 '피테 같은 큰 엉덩이(굵은 꼬리)'라고 말한 것은 사르트르의 교묘한 말장난이다.

브뤼마트의 식당, 라 로즈.

안녕, 자네트. 치커리차*를 주세요.

젠장, 날마다 이 빌어먹을 치커리차! 지겨워! 어이구, 망할 놈의 전쟁!

쾅쾅! 귀가 멍멍하더군. 독일 놈들에게 반드시 이 빚을 갚아 주고야 말겠어.

그럼요, 소대장님. 지당하신 말씀입니다.

내가 어릴 때 점령 지역에서 살았거든. 그때 독일 놈들이 나한테 초콜릿을 주면서 "프랑크라이히 카푸트!(프랑스는 패했다!)" 라고 외치게 했어.

나는 독일어를 몰랐거든. 그래서 바보같이 그대로 따라 했지. 그리고 나서 우리 할아버지한테 죽도록 두들겨 맞았어!

아! 사실 이곳 알자스에 돌아와서 기뻐. 비록 예전의 그 고상함과 낭만은 찾아볼 수 없지만. 그건 스트라스부르 시민들이 피난 갔던 데가 리무쟁 촌구석**이었기 때문이야.

* 커피 대용 차. 커피는 전쟁 때문에 구하기 어려운 물자였다.
** 스트라스부르는 독일과 프랑스의 국경 지역인 알자스 지방의 주도로 보불전쟁(독일령), 1차 세계대전(프랑스령), 2차 세계대전(독일령)을 겪을 때마다 소유국이 바뀌었다.(현재 프랑스령) 이 말은 보불전쟁 당시 이곳 사람들이 프랑스 중부의 궁벽한 시골 리무쟁에서 피난살이를 할 때 시골 사람의 기질에 물들어서 돌아온 사실을 지적한 것. 프랑스인외 시골에 대한 인식은 한국인에 비하면 매우 부정적인 편이다.

그들은 트레브 인근 한 독일군 수용소에 포로로 잡혀 있다.

배고파, 배고파, 배고파….

조용히 해, 피테.

저 겁쟁이 녀석, 입 좀 다물게 해.

나는 폴 니장이 전선에서 전사했다는 사실을 알았다.

니장

61

그 사실 말고는 아무것도 생각나지 않았다. 모든 것이 지워져 버렸다. 무(無), 무….

이런 판에 글을 쓰기란 어려웠다. 나는 한 가지 사물, 예를 들면 탁자 하나만 뚫어지게 보면서 중얼거렸다. "이건 탁자야, 이건 탁자야, 이건 탁자야." 그렇게 중얼거리고 나면 몸이 떨려 왔다.

그건 일종의 형이상학적 환희였다. 물론 굶주린 탓도 있었다.

그렇지만 나는 내 안의 무언가가 와지끈 부러지며 기울었음을 느꼈다. 내가 죽는 날까지 그럴 거라는 사실도.

파리 동역. 사르트르는 1941년 3월 석방된다. 오른쪽 눈의 부분 시력 상실이라는 허위 진단서를 제출한 덕분이다.

내 운명을 생각해 본다. 내 앞에는 약속의 땅으로 가는 수많은 무리가 있는데 나는 그곳으로 가지 못할 것 같다.

나는 구토를 느끼지 않았으니까. 나는 진정하지 못하니까. 그래서 나는 약속의 땅 문 앞에서 멈춰야 한다. 그렇지만 적어도 나는 그 땅이 저기라는 것을 가리켜 보일 수는 있다. 그래서 다른 사람들은 그곳으로 갈 수 있을 것이다.

지금 파리의 모습을 뭐라고 말해야 할까?

몽파르나스 셀 거리 미스트랄 호텔. 사르트르 패밀리의 본부.

아, 어서 와!

오늘 아침 기분이 별로였는데, 당신들 만나니까 아주 좋아.

알다시피 나는 늘 다른 사람들이 내게 관심을 가져주기를 원해. 어릴 적부터 그랬어.

어디 한번 들어 볼까!

?

어떤 일이었는지 이야기해 줘!

예를 들면, 라 로셸에서 학교 다닐 때, 난 운동장에서 친구들 앞을 왔다 갔다 하곤 했어. 소심하고 자존심이 강해서 친구들에게 먼저 다가가지 못했지. 누구든 먼저 말을 걸어 주었으면 했어.

그래서 친구들 앞을 오락가락했던 거야. 나를 발견하고 먼저 인사 건네주기를 기다리면서.

그러다 딱 한 명이 걸렸어. 그 애 하는 말이 "대체 왜 저러는 거야, 저 멍청이는?" 그게 내가 얻은 전부야.

하하!

하하!

바로 그거야, 사르트르. 지금 우리는 사람들이 먼저 다가오기를 기다릴 수만은 없어.

카페에 죽치고 앉아 글을 쓰고, 비밀리에 출판을 모색하는 것만으로는 부족하단 말이야.

다른 전략을 써야 해요.

난 당신을 따를게, 카스토르. 지금은 행동할 때지. 하지만 글을 쓴다는 것도 행동이잖아!

당신이 수용소에서 겪은 일과 견주면 지금은 자유를 되찾은 기분이겠지. 하지만 이곳에서는 대중 활동이 불가능하거나 아주 제한되어 있어. 이젠 공개적으로 우리 생각을 알려 나가기 어려워졌어.

내가 이런 가짜 자유를 누리려고 파리로 돌아온 건 아닌데.

그럼요, 잘 알지요.

뭔가 쓰기 시작한 거야?

전단지야. 메를로가 결성한 그룹 '억압 아래서'에서 내는 거야. 이번이 끝이야. 파스퇴르 리세에서 강의를 맡았거든.

우리는 계속 이렇게 해야 돼. 한발 한발 싸워 나가는 거야.

증언하고, 설득하고…. 하지만 정말이지 우리는 인원을 좀 늘려야 해.

사실 오늘 가져온 것은 코르보*밖에 없어. 이걸로 저녁거리를 만들어 볼게. 여기다 남은 감자를 보태고, 거기 곁들여….

암시장을 드나드는 건 너무 위험해, 카스토르.

* 까마귀고기, 식재료.

67

* 독일이 프랑스를 점령했을 때, 나치스에 협력한 비시 정부의 수반인 페탱의 지지자들을 가리킨다.

카보 50, 고등사범학교 비밀 지하실에서 대독 저항운동을 알리는 전단지와 유인물이 인쇄되고 있다. 이렇게 저항운동 단체 '사회주의와 자유'가 결성된다.

사르트르도 같은 의견인데, 논설은 마르크스주의자와 마르크스주의자가 아닌 사람이 번갈아 쓰자.

GRRZZ
ㅊㅈㅈ ㅊㅈㅈ
RZZZ

흠흠.

히틀러는 우리를 강제 수용소로 보내고 있다. 우리는 이 상황에 동의할 수 없다…. 만약 우리가 비시체제*를 받아들인다면 우리는 인간이기를 포기한 것이다. 따라서 독일에 협력하는 자들과는 그 어떤 타협도 있을 수 없다.

사실 이제부터 과제는 사회 건설이다. 자유라는 권리가 공허한 구호가 아닌, 사회 말이다.

그래요. 미래 사회 건설이라는 개념을 부각시켜야 해요.

* 1차 세계대전의 영웅이자 프랑스군 원수인 페탱은 2차 세계대전이 터지자 교전보다 항복이 낫다고 판단하고, 1940년 독일과 휴전 협정을 맺은 뒤 비시에 친독 정권을 세워 나치 독일에 협력했다.

독일 점령체제가
오래가면 어쩌지? 30년,
40년 지속된다면?

음….

저벅 저벅 저벅 저벅 저벅 저벅

안 되면 네가 폭탄을
제조하면 되지?

1941년 여름. 로안과 리용 사이의 어느 산간 도로. 독일 점령지와 자유 프랑스를 가르는 경계선을 넘어가고 있다.

영차.

지금까지는 순조로운 편이야. 그저께 당신의 자전거 바퀴가 터졌던 사고만 빼면.

그 일도 무사히 넘겼으니 됐어. 다음번엔 자전거 수리도 해낼 수 있을 거야.

영차.

솔직히 말해서 사르트르, 난 몽소레민의 그 허름한 카페에 있을 때 아주 겁이 났어.

만약 그 안내인이 페탱파였다면? 그자가 우리 돈을 다 훔친다면? 그렇다면 자전거 바퀴 구멍도 그자가 판 함정일 수 있으니까.

그래서 다시 생각해 보니까 그때까지 짐과 자전거를 안 뺏겼더라고. 작정했다면 로앙에서 우리를 체포할 수도 있었을 텐데.

걷는 편이 좋을 것 같아?

걷다니! 그건 너무 지루해. 괜찮아. 이것도 나름대로 재미있어.

?

내 말 좀 들어 보시오, 친구들!

맞이할 마음의 준비를 합시다. 필연적이라서 피할 수 없는 사회주의와 자유의 부활을!

풋!

유우후우우!

BONG! 텅!

아아!

파리의 둔한 샌님이 모험에 나선 꼴이네.

잠시 딴생각 하다가 그런 거야.

자, 힘내!

노력했지만 별 성과 없이 두 달이 흐른 뒤, 마침내 두 사람은 앙드레 말로와 조제트 클로티*의 별장에 도착한다.

어제 지드를 만났어요.

네, 그분께 들었어요.

그분은 우리 얘기를 한 귀로 듣고 한 귀로 흘려 버리더군요.

튀니스 여행 준비로 바빠서요. 선택한 모험이 우리와 다른 거지요. 그분을 너무 탓하지 말아요.

언제부터 그분은 『르피가로』**에 글을 썼나요?

벌써 한참 됐어요.

나도 그렇지만, 그분도 이제 자신의 『NRF』***에는 안 써요.

네.

피에르 드리외 라 로셸이 『NRF』의 주간이 되어 나치스에 협력하고 있었다.

아시겠지만, 그래도 난 피에르와 가깝게 지내지요.

나 자신에게 성실하지 못해서 그런 건 아닙니다. 난 그의 내면의 고뇌를 이해해요. 다만 내가 그와 좀 더 돈독해질 기회가 있었다면… 어쨌거나 그가 빠져 있는 파시스트적 환상을 깨 버릴 수 있을 만큼 말입니다.

그렇죠, 파시스트!

* 신문기자이자 소설가로 말로의 두 번째 부인. 말로가 알자스에서 전투 중이던 1944년, 기차 사고로 사망한다.
** 보수 성향의 우파 신문이다.
*** La Nouvelle Revue Française, 앙드레 지드와 가스통 갈리마르가 참여해 1907년 창간한 월간 문예지.

조제트는 나보다 먼저 그의 언동을 용서했어요. 그가 우리 아이의 대부거든요.

그 사람은 길을 잃은 당디*예요. 그 점을 잊어서는 안 돼요.

그 당디가 나치를 매혹시킨다면, 우리도 문제가 될 텐데요.

그가 개자식 브라지야크**와 몇몇을 데리고 바이마르로 간대요. 분명히 알려드릴게요!***

전에 카스토르는 하마터면 달려가 그들 뺨을 후려칠 뻔했어요.

나도 당신들처럼 순수한 문학은 없다고 믿어요. 그는 자기 행동과 글에 책임져야 해요. 비록 자기부터 파괴되겠지만. 그렇더라도 말입니다.

그래도 조심하세요!

맞습니다. 그는 분명 성실할 겁니다. 하지만 길을 잘못 들었어요. 그런 미친 머리로 사막을 가면 바보짓 하기 십상이니까요.

이런 식으로 『NRF』를 흔드는 건 갈리마르사 전체를 수렁에 빠뜨리는 거예요. 그 오점은 오래길 깁니다.****

죗값을 치르겠지요.

하지만 지금은…. 두 분은 무얼 하실 생각인가요?

우리가 여기 온 이유는 레지스탕스 작가들을 규합해서 더 큰 저항 출판 조직을 만들기 위해서예요.

연합군을 기다려야 해요.

* 세련된 멋쟁이. 보들레르는 당디의 멋 부린 외모는 남들과 구별되려는 노력이자 정신적 우위의 지표일 뿐, 핵심은 "자신의 독창성을 이루려는 욕구"라고 주장했다.
** 로베르 브라지야크. 프랑스 작가로, 나치에 협력한 죄로 전후에 사형 당했다.
*** 괴벨스가 조직한 바이마르 공화국 작가대회에 참가하는 일을 말한다.
**** 전후 『NRF』가 나치에 협력했다는 이유로 폐간될 당시, 이 잡지를 출간하던 갈리마르 출판사는 사르트르와 카뮈를 비롯한 레지스탕스 작가들이 적극적 변론으로 위기를 넘겼다.

글을 쓴다는 것이 이미 자유의 행사이자 예속의 거부 아닙니까!

또한 우리는 CNR* 조직을 활용할 수 있어요.

두 분이 말하는 '우리'란 정확히 누구인가요?

무기도 자금도 없는 이상, 소용없습니다. 전략적인 조직체가 필요해요. 글쓰기로만 일을 해낼 수 없어요. 현재 두 분에게 필요한 건 탱크예요.

우리는 지하 공산주의자들의 지원을 받을 수 있어요. 그들은 아주 효율적인 세포조직을 갖고 있어요. 우리는 STO 거부자**들을 지지하는 성명서를 쓰고 있어요.

초여름에 내가 항독 국민전선***과 접촉해 보았어요.

그렇지만 소련이 참전한 뒤부터는 온갖 입장들을 이렇게 무한정 섞을 수는 없게 되었어요.

위험 부담이 너무 커졌어요.

무리한 일은 벌이지 않길 당부합니다. 국가사회주의****의 도움은 안 됩니다. 사회주의 앞에 국가가 붙다니요!

그렇다면 사실상 영국이 이 전쟁에서 이길 거라고 생각하는 겁니까?

그들이 상륙하면, 그렇게 되면, 예, 나는 즉시 전선으로 달려갈 생각입니다.

* 레지스탕스 전국 평의회(Conseil national de la Résistance).(원주)
** 대독 협력 거부자. STO(Service du Travail Obligatoire)는 비시 정부가 대독 협력을 위해 설치한 강제노동국.
*** 공산주의자들이 결성한 레지스탕스 단체.
**** 넓게는 국가를 통해 사회주의를 실현시키려는 사상과 운동을 가리키지만, 여기서는 1917년 이후의 소련과 스탈린을 등에 업은 유럽의 공산주의자들.

1941~1942년 겨울.

저항단체 '사회주의와 자유'는 점차 해체되었다.

그들은 이런 대규모 비밀 운동을 추진할 만한 역량이 없다는 사실을 분명히 깨달았다.

?!

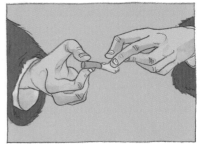

지금은 존재를 계속 끌고 나가야 한다. 다른 기투*를 추진해야 한다.

완다, 올가의 동생이다. 카스토르 이후 사르트르가 결혼하기를 원한 두 번째 여자. 거절했어야 할 두 번째 여자….

아우, 추워! 극장에서 오는 길인데, 몸이 꽁꽁 얼어 버렸네!

* 현재를 초월해 미래로 자기를 내던지는 실존의 존재 방식. 실존주의의 기본 개념.

무슨 일이에요, 자기? 추웠어요, 당신도?

묘한 기분이 들었어. 쓰라린 기분…. 내가 쓴 책들을 생각했지.

뭐라고요? 저런, 당신 책들은 검열의 손이 닿을 수 없었어요. 독일 선전대에 맞서 당신은 책을 출간할 특권이 있고, 그 특권을 잘 이용하고 있잖아요.

바로 그거야. 실은 내가 심각한 상황을 한 번도 겪어 본 적이 없다는 걸 깨달았어. 이해해?

네. 하지만 점령된 파리에서 책을 낸다는 건 또 다른 상황이지요. '사람은 언제나 자유로울 수는 없다!' 이 말을 한 사람도 당신이에요.

바로 그 점을 나는 고백해야 돼.

하나의 자유는 항상 또 다른 자유와 이어질 수 있어. 지금 같은 경우, 내 자유는 남의 자유와 이어지지.

지금으로선 우리 모두가 이어져 있어요. 서로가 서로에게요. 그렇지만 당신은, 지금의 이 자유 공간을 계속 활용하세요.

이 공간 역시 비좁을지라도!

그래, 물론이지. 하지만 한 사람이 자유롭고 다른 사람들이 자유롭지 않다면, 그건 자유가 아니야. 그런 자유는 있을 수 없어. 관념에 불과해.

나치의 해악이 나의 사유 속에까지 스며들어오는 터라, 올바른 사유란 그 각각이 곧 승리였다.

하지만 이런 성찰에 도달하기 전에 나는 실수를 저질렀다.

『코메디아』 편집장 르네 들랑주의 요청으로, 사르트르는 허먼 멜빌이 1851년 발표한 소설 『모비 딕』의 평문을 쓴다. 19세기 문학에 대한 그의 깊은 관심에서 비롯된 일이었다.

그러나 문제는 『코메디아』이다. 이 잡지는 "공연, 문학, 예술 전문 주간지"를 표방하면서, 또한 독일인의 지적 생활을 찬양하고 독일 치하 프랑스의 문화와 사상의 자유를 선전하고 있었다.

무대 위의 실상은 딴판이다···.

그리스 신화 속 아트리드인들의 비극*을 재해석한 그의 희곡 작품『파리 떼』가 1943년 6월 3일 드라시테 극장**에서 초연된다.

도망갈 생각은 한 번도 안 했나요?

전 그럴 용기가 없어요. 홀로 길에 서면 두려움에 떨 겁니다.

같이 가 줄 가까운 사람이 없어요?

저에겐 아무도 없어요. 전 여기서 옴, 역병 같은 존재예요. 곧 그런 소문을 들을 거예요. 전 친구가 없어요.

저런, 유모도 없단 말입니까? 나이 든 유모라면 당신이 태어나는 것을 보았을 테고, 그러면 당신에게 애정이 있을 텐데요.

유모도 없어요. 저희 어머니에게 물어보세요. 전 모두를 실망시킬 거예요.

그렇다면 평생 여기서 살겠다는 말인가요?

* 그리스 신화 속 미케네 왕 아가멤논의 2대에 걸친 비극. 아가멤논의 아내 클리타임네스트라는 아이기스토스와 불륜에 빠져, 전쟁에서 돌아온 남편 아가멤논을 죽인다. 아들 오레스테스는 성장하여 아버지의 원수를 갚으라는 신탁을 받고 누이 엘렉트라와 힘을 합쳐 어머니와 아이기스토스를 죽인다. 이 그리스 비극 속 인물들이 신의 조종을 받는 것과는 달리, 사르트르가『파리 떼』에서 창조한 오레스테스는 자신의 자유와 선택을 통해 복수와 원한의 고리를 끊는다.
** 샤틀레 광장의 드 라 빌 극장의 바뀐 이름. 2차 세계대전 동안 이 이름을 썼다.(원주)

아! 평생은
아니에요.

아니에요. 실은, 난
뭔가를 기다려요….

브라보! 훌륭한
작품입니다!

뒬랭*씨, 고맙습니다.
이 모든 건 당신이 거둔
성과입니다. 당신이 참여한
결과예요.

덕분에 두 번 다시 볼
수 없을 완벽한 공연이
되었어요.

흠.

나는 카뮈라고
합니다.

* 샤를 뒬랭. 극장 감독이자 연출자.(원주)

며칠 뒤, 식물원.

카스토르는 최근 『초대받은 여자』 출간에 들떠서 힘이 펄펄 넘칩니다.

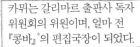

카뮈는 갈리마르 출판사 독자 위원회의 위원이며, 얼마 전 『콩바』*의 편집국장이 되었다.

그렇겠지요. 출판사에서는 만장일치로 채택했어요.** 당신은 어때요?

나요? 무슨 뜻인가요?

그러니까, 그 책이 불편하지 않으요? 실명은 아니지만 당신 사생활이 고스란히 드러난 셈이잖아요.***

오, 난 내가 공적인 인물이 될 걸 여섯 살 때부터 알았어요.

음… 그리 생각하면 자신에 대해 뭐랄까… 다르게 느껴지지 않나요?

추문이요?

그건 상관없어요. 자신이 진짜가 아니란 느낌이 들지 않는지, 묻고 싶어요.

카스토르도, 당신도, 나도, 우리 모두는 비본래성, 자기도취와 수치심의 끔찍한 혼합물입니다.

하지만 그걸 원하진 않지요.

네. 하지만 그것이 우리의 총체적 상황이 돼요. 정말로 우리라 할 수 있게 만드는 기원의 작은 무엇이에요. 층층이 겹쳐 구운 파이에 넣는 소금처럼요. 이해하시겠어요?

흠… 아뇨. 동의하지 않아요. 그건 우리를

지배하는 부조리에 속하고, 따라서 맞서 싸워야 해요.

맞아요. '상황'이란 말엔 그것을 극복하자는 뜻이 들어 있어요. 모두가 자기 상황을, 자기 방식으로 극복하려고 합니다.

* 레지스탕스 조직 '콩바(전투)'가 발행하는 지하 신문으로 출발해 나중에 일간지가 됨.
** 『초대받은 여자』는 1943년 갈리마르 출판사에서 펴내 성공을 거두었다.
*** 『초대받은 여자』의 등장인물 피에르와 프랑수아즈, 코사키에비치의 관계는 실생활에서 사르트르와 보부아르, 올가를 모델로 하고 있다.

당신도 자신의 원래 상황을 극복하려고 하지 않았나요?

당신이 존재와 상황을 연결해 생각하는 것은 높이 평가합니다. 하지만 그럴 경우 개인을… 없앨 위험이 있다는 점을 우려합니다. 예를 들면 억압과 예속의 현실을 부정해 버리는 것처럼요.

무슨 말인지 알겠어요, 카뮈. 내가 무엇보다 두려워하는 것이 자기기만에서 비롯된 행동인걸요.

아, 그렇지요. 자기에게 빠져서 거짓을 연기하기… 그건 끔찍해요.

어쨌거나 존재의 현 상태를 늘 벗어날 수는 없지요. 난, 예를 들면 자유에 대해 광적인 열정을 느낍니다.

당신 역시도 어느 정도는 광적이죠. 그럴 겁니다.

좋아….

여하튼 자기도취라는 주제로 돌아와, 내 생각엔 우리는 타인을 보고 자신을 가장 잘 아는 존재라는 겁니다.

당신이 행동이 앞선다는 점은 맘에 들어요.

반면 지나치게 합리적이려는 성향은 따분하네요.

잠깐, 당신이 왜 그런 말을 하는지 알아요! 에, 나도 부조리를 겪습니다. 날마다 겪지요.

카뮈 당신 말투가 매력 있어요. 지중해 연안 삼림 지대 억양이에요. 그 억양을 들으니 마르세유의 숲이 생각나요. 카스토르가 거기 있을 때 가 봤지요.

하하! 하지만 내 억양은 그보다 더 먼 데서 온 것입니다.*

그렇군요. 아무튼 남쪽 이니까요.

당신은 파리 토박이 아닌가요?

어, 지금으로선 파리가 내 자리이긴 해요. 떠났다가도 늘 파리로 돌아오니까요.

결국 한 인간의 삶이란 게 그 개인의 '모험'입니다.

그의 전투라 하는 편이…

토요일 저녁 우리와 카보에 가시겠어요? 크노와 레리스도 올 겁니다.

오, 아니요. 예정대로 셋이서 크레이프 식당에서 점심을 먹는 편이 좋겠어요. 거기가 토론 하기는 더 좋을 겁니다.

* 카뮈는 알제리에서 태어나 자랐다.

같은 해, 갈리마르 출판사는 사르트르 철학의 첫 번째 포석인 『존재와 무』를 펴낸다.

그는 이 책에서 자기 철학의 바탕을 단단히 다지고, 도덕적 전망으로 나가는 문도 연다.

또한 책 마지막 한 장을 바쳐 '실존적' 정신분석을 설명하는데, 새로운 형태의 이 정신분석은 프로이트의 정신분석을 수용하면서도 콤플렉스나 무의식이란 개념을 끌어들이지 않는다.

음, 재미있어…

그러니까 당신은 우리가 점령 상황에서 벗어난 다음에도 지적 활동을 계속 펼 자리가 있을지 걱정하는구나.

책을 내고, 평론을 쓰고, 이 모든 것이… 나는 작가로서보다 '비누 조각'처럼 여겨질까 봐 겁이 나.

겁나겠지! 하지만 당신 주장은 다 받아들여지고 있어. 이 책의 지적인 내용은 오래도록 사람들의 정신에 큰 영향을 줄 거야. 장담해. 그러니까 당신이 자기 말에 끝까지 책임을 지게 될 건 분명해.

왜냐하면 작가로 존재한다는 것은 책임을 떠안는다는 뜻이니까.

맞아. 또한 철학이란 내가 누군가에게 건네는 말이지. 난 카페에서 옆에 앉은 이에게 말을 걸고 싶은 거고.

알고 있어.

들어 봐. 당신은 비누로 변하는 게 두렵다고 하지만, 난 구체적인 경우를 하나 들려줄게. 지난밤 꿈을 꿨는데, 분석해 볼 만해.

아하!

꿈에서 난 내 머리를 받쳐 들고 빤히 보고 있었어. 그런 행동이 아주 자연스럽게 느껴졌지. 놀라운 건, 머리가 여전히 어깨 위에 붙어 있는 것 같았어!

난 생각했지. '재미 있군. 이건 머리 잘린 사람들의 환영이잖아. 내 머리는 여전히 붙어 있는 느낌인데.'

하하하! 당신이 머리를 두 개 가지고 있는 것일 수도 있지!

어제 내가 리세에서 정신분석을 세 시간이나 강의한 탓일 수도 있어. 학생들이 얼마나 흥미로워하는지, 반응이 너무 뜨거워서 편두통이 왔거든.

걱정 마. 학생들이 당신의 그 멋진 머리를 자른 건 아니니까. 아무튼 아직까지는 자르지 않았어, 헤헤.

아하, 그럼 이제 당신은 내가 터번을 얼마나 멋지게 묶는지 알아차린 건가? 솜씨가 많이 늘었거든.

『존재와 무』를 인상 깊게 읽은 청년 로베르 미즈라이가 저자에게 만남을 청한다.

아, 반갑습니다! 기다리고 있었어요!

마드무아젤 드 보부아르, 만나 뵙게 되어 기쁩니다.

어서 오세요. 여기 같이 앉으시지요.

웨이터! 차 한 잔 더 주세요!

저한테 시간을 내주셔서 감사합니다.

네, 나도 만나고 싶었어요. 이야기를 나눠 보고 싶었거든요. 내 제자에게 들었는데, 철학 교수를 지망하고 있다고요?

네…. 하지만 불행히도 전 공부를 계속하는 것이 허용되지 않습니다.[*]

그럴 수가! 그럼 무얼 할 생각인가요?

근처에 일자리를 얻을 수 있을 것 같습니다. 배달부 자리가 났거든요.

아, 안 돼요! 그래서는 안 됩니다!

교수자격시험을 쳐야 해요. 당신이 공부를 포기한다는 것은 나치에 맞서 싸우는 것을 포기하는 일이 될 겁니다.

우리가 도와줄게요.

나치가 이런 식으로 당신 앞길을 막게 둘 수는 없어요. 당신의 상황… 존재를 가로막게 그냥 두지 않을 거예요!

어….

시험 준비하는 데 얼마나 걸릴 것 같아요?

* 로베르 미즈라이는 터키계 유대인 가정 출신인데, 나치의 유대인 박해로 유대인은 고등교육을 받을 수 없었다.

파리가 해방되었다.

* 카뮈가 편집국장을 맡고 있던 『콩바』의 1944년 8월 26일자 1면의 헤드라인은 "파리가 드골을 환호로 맞이하다"이고, 그 아래로 "독일군 항복"이라고 쓰여 있다.

1945년 1월, 사르트르는 『콩바』를 도와 달라는 알베르 카뮈의 요청*으로 뉴욕행 DC8 여객기에 몸을 싣는다.

미국 정부의 초청을 받아 두 달 일정으로 프랑스 언론인 7명과 함께 떠난 것이다.
방문 목적은 지나간 전쟁이 미국에 남긴 상처를 이해하는 것이었다.

나는 자유국가 가운데 가장 큰 그 나라에 마침내 발을 딛게 되었다. 한때 내게 버펄로 빌**을 꿈꾸게 했던 나라에 가는 것이다!

* 사르트르는 『콩바』의 특파원 자격으로 미국 방문단에 합류했다.
** 미국 서부 개척 시대의 전설적인 총잡이.

센트럴 파크 웨스트 57번가 플라자 호텔.

5번가.

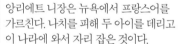

흠! 이것이 전쟁이라는 걸 그들은 이해 못하지!

앙리에트 니장은 뉴욕에서 프랑스어를 가르친다. 나치를 피해 두 아이를 데리고 이 나라에 와서 자리 잡은 것이다.

페르난도 제라시와 그의 아내 스테파도 와 있다.

드라이 마티니?
위스키?

아, 고마워요,
앙리에트! 음, 위스키
온 더 락으로!

보잉기 조립 공장에도
갔어요! 사실, 관심
없지만요.

게다가 불쾌한 기억을
떠올리게 하는 바람에….

하강기류들이요. 여기까지
오는 긴긴 비행 중에 몇 번
당했거든요.

어쨌거나 재미있는
현상이잖아요!

그래도 심했어요.
그런 고도가
인간에겐 자연스럽지
않으니까.

저런, 구름 한가운데
있는데도 자유로운 기분이
들지 않던가요?

농담도!

24일자 『르피가로』에 당신 기사가 실렸다면서요? 「미국에서 본 프랑스. 특파원 장폴 사르트르로부터」! 이봐요, 미국에서 당신은 카뮈의 신문에만 기사를 쓰는 줄 알았는데요!

어 그게…

이번 기회에 1940년 이래 프랑스-미국의 관계에 대해 써 보는 건 어떨까요. 뭐, 전문적인 내용이 될 위험은 있지만요. 프랑스인들은 그런 기사를 바랄걸요.

당신은 여기에 인터뷰해 줄 사람도 많잖아요. 예컨대 우리를 인터뷰해 봐요. 히히!

아, 예. 고마워요! 미국 공산주의자를 많이 만나 보려고요! 여기도 공산주의자가 있겠죠? 하하!

게다가 여러분들은 이곳 생활에 익숙해져서 의식 못할 듯하지만, 이 나라에는 계급을 드러내는 표식이 없더군요. 뉴욕에서는 부르주아와 노동자를 어떻게 구별하나요?

아, 네! 하지만 이곳에는 다른 종류의 구별 문제가 있어요.

이 나라에서는 진짜 시민을 제3계층 시민과 구별해요.

제 예감에도 그런 문제들을 잔뜩 알게 될 것 같아요. 이 민주주의 대국에서요…

당신이 여기 있는 동안 내 사촌인 클로드 레비스트로스를 꼭 소개해 줘야겠어요. 인간의 조건에 대해 생각해 볼 거리를 얻을 수 있을 거예요.

저야 반갑지요

리처드 라이트*를 만나 이야기 나눠 볼 필요도 있을 것 같아요. 그 사람은 여기를 떠날 생각이에요. 그의 소설 두 편이 권력자들에게는 너무 거슬리거든요.

방문단의 다른 기자들과 함께 정치권력과 접촉해 볼 계획도 있나요?

아 그럼요, 있고말고요! 3월 9일 백악관에 가서 루스벨트와 만날 거예요.

그 일에 대해 『르피가로』에 기사를 한 편 쓸 생각이에요.

오호!

『뉴요커』는 벌써 이 친구를 "갱장히 작고 갱장히 열렬한 파리 토박이"라고 불러요!

하하!

하하하!

음….

여기 온 뒤로 난, 말을 못 알아들었거나 어떻게 답할지 모를 때면 "Fine." 이라 해요! 그러면 다 통하더군요!

브르통이 그러던데, 내일 우리 라디오 방송국에 갈 거라면서요?

네! 가고 싶어요. 그 전에 뒤샹과 점심 약속이 있고요.

두고 보세요. 분명 재미있는 경험이 될 테니까. 가까운 사람, 이렇게 바로 옆 사람에게 말을 하면서, 동시에 보이지 않는 수많은 대중에게 말을 건네는 거예요!

* 미국 흑인 작가. 미국 사회의 인종과 계급 문제를 다룬 소설을 썼다.

다음 날, 미국 방문단은 인터뷰를 하기 위해 전시정보국* 소속 프랑스어 라디오 방송국에 초대된다.

돌로레스 바네티는 프랑스에 있을 때 드 라 게테 거리의 어느 극장 소속 배우였다. 따라서 카페 르돔이나 라 쿠폴에서 사르트르와 카스토르를 볼 기회가 가끔 있었다.

이제 우리 차례예요! 자, 조금 뒤 '온 에어'입니다!

* Office of War Information(OWI). 1942년에 설립되어 2차 세계대전 동안 선전 임무를 수행했다.

한 시간의 방송을 마친 뒤.

『구토』요? 읽어 본 적 없어요.

프랑스 문학을 많이 읽는 편인데, 당신 작품은 아직 못 읽었어요.

완벽한 사람은 없지요. 당신도 글을 쓰지요? 분명 그럴 것 같은데….

오, 『V.V.V.』에 시를 몇 편 발표해요. 이따금.

역시! 그건 시 전문지 인가요?

네.

편집자가 누구예요?

앙드레 브르통.

나는 시 쓰는 솜씨가 없어요.

정말이지 시를 쓰고 싶었는데…. 산문 말고는 재능이 따라 주지 않았어요.

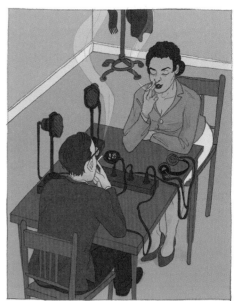

그건 그렇고, 우리 다시 만납시다.

52번가에 있는 '원, 투, 스리'에 대해 들어 보셨어요?

아뇨, 아직.

아주 현대적인 곳이에요! 오늘밤 9시에 만나요.

와이 낫!

매력적이네요, 당신의 프랑스식 억양이!

1945년 여름 어느 토요일 오후, 보지라르 거리.

보리스 비앙이 친한 사이인 보부아르의 쇼핑을 돕기 위해 따라나선다. 재즈파티에 꼭 필요한

물건을 골라 주기로 했다.

자, 들어가 볼까요? 우리가 이 거리의 비둘기들 털 깎기를 기다리려고 온 건 아니잖아요, 그치요?

이건 어떨까?

너무 얌전해요. 누나에게 안 어울려.

재즈를 제대로 들으려면, 잡탕을 들을 생각이 아니라면 말이지… 이런 게 필요하다니까!

얼마일까, 이 작은 놈은?

아하! '이 만두를 먹어 봐!'*

* 원문 Goutez-moi cette farce!는 "이 재미난 물건을 즐겨 봐요!"라는 의미이기도 하다. 비앙은 언어유희를 즐기는 작가였다.

하하하!

오르페오 몬테베르디

오, 안 돼요. 그건 지루해서 죽을 거예요! 재즈를 들어요, 재즈!

미셸!

시몬 누나가 축음기 고르는 걸 돕고 있어

파티에 필요한 걸 좀 사야 하거든!

* 보리스 비앙은 어릴 때 심장질환을 앓았고, 계속 심장으로 고생했다. 가격표를 보고 놀란 듯하다.

1945년 9월, 갈리마르가 『현대Les Temps Modernes』를 창간하기 위해 자본을 댄다. 시몬 드 보부아르, 레몽 아롱, 모리스 메를로퐁티, 장 폴랑, 미셸 레리스, 알베르 카뮈가 편집위원으로 참여한다.

『NRF』는 드리외 라 로셸이 독일에 협조한 사실이 문제 되어 폐간되었다.

흐음! 오랜만에 이 냄새를 맡아 보는군. 새 종이 냄새!

이번이 마지막이 아니에요, 미셸! 출판사가 내년에는 종이 4만 톤을 공급받을 수 있을 것 같아요.

'전쟁 기간 중 작가와 출판인에게 요구되는 책임성'이라는 문제를 놓고 벌어지는 혼란스러운 논쟁 와중에 사르트르는 이 새로운 지적 기획의 지휘를 맡게 된다.

사르트르는 자기를 만나고 싶어 하는 독자와 기자들에게 시간을 내주겠다고 고집이야. 화요일과 금요일 저녁마다 만나려고 해.

자기는 모르고 있겠지만, 곧 감당 못하게 될걸!

오, 당신이 옆에서 도와주면 되잖아.

단 한 사람… 카뮈는 자리를 함께하지 않는다.

나에 대해 늘어놓는 말에 질렸어요. 아닙니다. 나는 실존주의자가 아니에요.

네, 실존주의자가 아니지요.

전쟁은 끝났고, 우리는 마침내 그걸, 우리가 그토록 원하던 빌어먹을 혁신이라는 걸 이룰 수단을 손에 넣었군요.

그렇지만 우리는 정말로 혁신을 해야만 해요.

카뮈, 생각 하나가 과거의 의미를 바꿀 수 있는 걸 잘 알잖아요.

우리에게 시간을 조금만 더 줘요. 우리 잡지는 방금 출범했어요!

그건 관념의 유희*에 불과해요

더 생각해요, 아직 선택할 수 있어요!

벌써 선택했어요. 나중에 봅시다, 사르트르.

빌어먹을….

* 이에 해당하는 원어를 직역하면 "그건 정신의 관점일 뿐이에요."이다. 카뮈가 고등사범학교 출신 엘리트 지식인들에게 일종의 따돌림을 당하며 그들을 비난할 때 쓴 핵심어가 '관념적'이었다. 다시 말해 다분히 조롱이 섞인 것으로, '당신들이 추구하는 혁신이란 책상물림들의 관념의 유희에 불과하다'는 의미이다.

그런 뒤 카뮈는 러시아의 정신과 가깝게 지낸다. 지나칠 정도로 가깝게….

문학이 사회적 역할을 해야 한다는 점에서는 만장일치야.

어쨌거나 실존을 구성하는 것 중에는 예기치 않은 일들이 있고, 타협이 있고… 그리고 결별도 있는 법.

말로가 문화부 장관이 될 것 같더군.

그런데 시몬의 최근 소설 『타인의 피』에는 고뇌가 생생히 살아 있더군요.

그렇지. 선택해야 하는 그 힘겨운 상황, 인물들의 불안은 그야말로 전율이 일 정도야. 부르르!

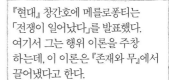

『현대』 창간호에 메를로퐁티는 「전쟁이 일어났다」를 발표했다. 여기서 그는 행위 이론을 주창하는데, 이 이론은 『존재와 무』에서 끌어냈다고 한다.

작품 속의 불안에서 마음에 드는 건, 그것이 심리학과 관념적인 설명과는 아무 상관이 없다는 점이야.

불안에 대한 순수한 연구지. 불안을 깊이 있게, 피하지 않고, 파고들거든.

행위 한가운데서 말이야.

여보게들, 진정으로 원하는 것과 맞아떨어지는 철학을 발견했단 생각이 드는군!

정직하고 완벽한 철학 하나를 발견한 거야.

불안을 안 받아 들이려는 자들은 비열한 자들뿐이지!

자유도 못 받아들이지!

자네는 이제 당분간 무얼 할 계획이야?

곧 미국에 다시 가 보려고요….

아하!

존 휴스턴이라는 미국 연출가에게 연락이 왔어요. 『닫힌 방』을 내년에 뉴욕 극장 무대에 올리고 싶대요.

어느 날, 문학 교수이자 카스토르의 친구인 마르크 쥐오로가 보나파르트 거리 42번지, 사르트르의 집을 찾아온다. 재혼한 남편을 얼마 전에 잃은 어머니를 모셔와서 함께 사는 집이다. 이 방문객에게는 명확한 목적이 있다.

오, 우리 장한 풀루!

정말 기쁜 일이에요! 알다시피 제 선친이 그 훈장을 받았어요. 남편도 그렇고요.

이해하시겠지만, 이 소식을 미리 알리지는 않았으면 합니다.

얼마 뒤….

빌어먹을! 나한테 이럴 수는 없어! 배신자들!

여보세요? 아롱? 자넨가?

그래, 생각해 봐. 그들이 작당해서 나한테 레지옹 도뇌르를 떠넘겼어! 저항 지식인이라는 명분으로 말이야.

싫어! 자네가 힘을 써서 취소해 줘!

102

자유와 실존에 대한 발언들은 1945년에는, 문맥을 벗어나 혼란과 오해를 불러일으키곤 했다.

실존주의가 신문 잡지에 유행처럼 오르내리며 통제 불능의 소동이 된 뒤, 이제 10월 29일, 모두의 의견을 일치시킬 수는 없는 터라, 더 늦기 전에 몇 가지 중심 개념이라도 재정리해야 할 때이다.

어이쿠!

숨도 못 쉬겠군! 이거 『닫힌 방』이 따로 없네, 참나!

아!

'맹트낭 클럽'이 장 구종 거리 8번지 살 드 상트로에서 강연회를 개최한다.

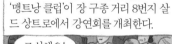

조심해요!

헐!

성공이야! 이 강연회 개최 소식을 신문마다 알린 게 잘한 일인가 몰라.

군중은 언제나 편파적이야, 카스토르. 언제나!

오! 이럴 수가! 청중이 너무 많아요. 끝에 질의응답 시간을 줄여야겠어요!

그러지요.

103

저는 이 자리에서 몇 가지 비난에 맞서 실존주의를 옹호하고자 합니다.

불안과 절망을 일으키고, 젊은이들을 자살로 몰고 간다며 사람들은 우리를 비난합니다. 우리가 하이데거를 무분별하게 받아들였다고, 이성론자보다 훨씬 더 위험하다고 비난합니다!

그렇다면 실존주의는, 몇몇 사람이 주장하듯이, 일종의 정신 질병일까요?

여러분 모두, 이 자리에 계신 분들 모두는 자유에 책임을 져야 합니다!

여러분은 태어난 이상 홀로 살아야 하며, 따라서 우리는 이 책임과 더불어 혼자입니다. 이 점은 예외가 없습니다.

인간은 우선 실존합니다. 자신과 맞닥뜨리고, 세계 속에 뛰어들어 솟아오르고, 그런 뒤에 스스로를 정의합니다. 실존주의자는 인간이 정의될 수 없는 까닭이, 인간이란 우선 그 무엇도 아니기 때문이라고 생각합니다.

무(無)로서의 인간은 그런 다음에야 존재할 것이며, 또한 그 자신이 만든 모습으로 존재할 것입니다. 따라서 인간의 본질이 있는 것이 아니라 인간의 실존이 있습니다. 인간이란 우선 그 자신의 기투*입니다.

* 기투(企投). 현재를 초월하여 미래로 자기를 내던지기. 즉 자신을 만들어 가기.

이 행위들 외에 무엇이 있느냐? 무(無), 아무것도 없습니다.

에이! 하지만 우리는…

여러분의 행위의 총화, 기투의 총합, 이것이 바로 여러분 삶의 총화입니다.

별 뾰족한 수가 없다는 말이잖아…

호!

쉿!

또한 우리는 부르주아라는 비판을 받습니다. 하지만

우리는 '정적주의'* 와는 반대 입니다. 우리는 진실에 기초한 '주의'를 세우려는 것이지, 그럴듯한 이론들을 종합하려는 게 아닙니다.

인간은 오직 자신만이 자신의 입법자임을 주장한다는 점에서 우리는 휴머니스트입니다.

여러분이 의지할 도덕을 발견하는 데 어려움을 겪는다면, 어떤 도덕을 따라야 할지 선택하기 어렵다면, 스스로 도덕을 만드세요. 여러분 자신을 만들어 가세요.

* 명상으로 신과 일치되어 영혼의 완전한 평안을 얻을 수 있다고 주장하고 그 밖의 도덕이나 종교 행위는 쓸모없다고 주장하는 신비주의를 말한다.

제3부
"열정과 불가능"

1946년 4월 어느 저녁, 뤼 데 카름 5번지 호텔 지하의 재즈클럽 카보 데 로리앙테.

재즈클럽은 드디어 자유로움을 만끽할 수 있었다.

난 레지스탕스 투쟁을 안 했어요. 강제수용소에 끌려 간 적도 없고, 독일에 협조도 안 했고.

한마디로, 점령기에는 영양실조에 걸린 멍청이가 되어 사람들과 섞여 지냈지요.

춤춰요! 기분이 풀릴 거예요.

너무 심각하게 생각지는 말아요, 장솔 파르트르!* 어쨌거나 오늘 밤은 즐기자구요!

* 보리스 비앙의 소설 『세월의 거품』의 등장인물. 장폴 사르트르를 연상하게 하는 이름.

오, 난 심각했던 적이 단 한 번도 없어, 알다시피.

테투안에서 카스토르가 나한테 우스꽝스러운 밀짚 모자를 씌우려고 했던 그때만 빼고 말야. 난 그 모자가 싫었거든.

하하!

자, 다시 무대로 가요! 조르주 바타유도 저기, 사람들 속에 있는 걸 봤어요.

예.

유후!

히이!

흔들어, 베이비!

예!

당신은 존재. 나는 무.

몇 달 뒤, 비앙의 집.

셈을 치러야 할 시간이다.

카뮈가, 볼셰비즘을 다룬 메를로퐁티의 평론 「요기*와 프롤레타리아」를 공격한다. 후에 『휴머니즘과 공포』란 제목으로 출간될 글이다.

전부터 난 소비에트연합과 공산주의에 대한 당신의 생각을 이해할 수 없었어요. 이번 글은 한층 더 어처구니없군요.

내가 마르크스주의자라 한 적은 없는데요.

그 점은 말이지, 사전에 분명히 밝혀 두는 편이 좋았을 거야.

그렇다 해도 모스크바에서 진행되는 일들을 정당화할 권리가 생기는 건 아닙니다.

하지만…

휴머니즘에 대한 고찰을 시도한다는 이유로 폭력의 문제를 배제해서는 안 돼!

바로 이 두 사람의 반대를 통과해 보려고 애썼는데.

좋아요, 카뮈. 지금 이렇게 화를 낼 필요는 없어요. 이제 그만하고, 나중에 갈리마르에서 다시 이야기합시다.

* 레오 요기헤스를 가리킨다.

110

이봐요, 선배! 옛것과의 단절이 선배한테는 어렵겠지요. 그렇더라도 모든 걸 뒤섞진 말아요!

저런! 정치란 깨끗해 보이는 잡지에 글을 싣기로 결정하는 일만은 아니라네. 체제 순응적인 프티부르주아 같은 태도라고 몰아붙이니, 우습군! 난 그런 것과는 아주 멀다고 생각해 왔네.

카뮈, 알다시피 부르주아를 증오한다는 점에서 나도 당신 편이에요.

젠장, 그만들 해요. 당신들은 논점을 뒤섞고 있잖아!

우리가 서로를 정말로 이해하기란 어려운 일이지…

흥…

이건 지나가는 말인데, 언젠가 몇몇 사람과는 관계를 끝내야 할 겁니다. 언제까지나 마구잡이로 추종자들을 끌어 모을 수는 없을 테니까.

이런 빌어먹을, 젠장!

아 그래, 내 말이 바로 그 말이야!

후, 별로 보기 좋은 일은 아니군….

저건 단지 견해 차이가 아니에요. 저들을 갈라서게 하는 건 다름 아닌 정치인데, 이게 훨씬 더 까다로운 문제지요.

낭패라 해야 할지, 잘됐다 해야 할지. 정말 잘 모르겠어요.

이봐요, 미셸! 남자들이란 중요한 걸 붙잡아 둘 줄 몰라.

음….

라 카자레스*를 둘러싸고도 그야말로 난장판을 만들어 놓았어.

그 여배우요?

응.

카뮈는 그 여자와 다시 합친 것 같아. 둘이 주고받은 편지들을 최근에 그가 사르트르에게 보여 줬어.

사르트르가 맘 상하지 않았다면 그 여자에게 「악마와 선한 신」의 배역을 줄 텐데요.

글쎄, 만약 작품 속에 그 역할밖에 없었다면….**

* 마리아 카자레스María Casares(1922~1996) 1944년 카뮈의 『오해』 무대에 선 것을 계기로 이후 16년간 카뮈의 작품 대부분에 출연하며 그의 뮤즈가 된 여배우.
** 보부아르의 표정과 말끝을 흐린 데 담긴 뜻은 미셸의 의견에 동의하지 않는다는 것이다.

1947년 1월, 이번에는 카스토르가 대서양을 건너 미국으로 간다.

이제 곧 아시겠지만, 마드무아젤 드 보부아르, 아메리카가 아주아주 마음에 드실 겁니다. 강연회는 전국에서 매진되었어요.

게다가 뉴욕에서 제일 좋은 나일론 스타킹을 파는 곳도 제가 알려드릴게요!

때로는 미국인들의 낙천성에 매혹되고, 때로는 이유 없이 넘쳐나는 그 모든 공짜웃음에 짜증이 나기도 한다.

보부아르는 탐험을 떠나 하나하나 발견해 나간다. 그녀 자신의 섬세한 감수성, 비판정신, 그리고 유머가 이 탐험에 동행한다.

"미소 짓지 않는 얼굴은 죄악." "하지만 걱정 마세요."…음… 나는 그들의 사고 체계가 또렷이 이해되기 시작한다!

이 여행으로 내게 뭔가 중요한 일이 일어났다.

시카고대학교. 예기치 않은 당혹스러운 일이 이어진다.

생큐, 미스. 바이 바이!

요컨대, 페탱 장군 그 사람은 실존주의자였어요. 어떤 선택을 해야 할지 힘들어했으니까요.

그럼 이만, 마담. 구대륙에 있는 부군에게도 안부 전해 주세요.

흠, 생큐, 미시즈 드 보부아르…

유어웰컴.

저…괜찮으시다면 이 원고를 부군께 전해 주셨으면 합니다. 제가 쓴 글입니다.

실례지만…무슨 말씀인지요?

예스, 위*, 그러니까, 아직 프랑스어로 번역되지 않았고, 또 고칠 데도 있지만, 그래도… 이 보잘것없는 글이 파리 실존주의자들의 관심을 끌 수 있을 것 같아서요.

이 점은 짚고 넘어 가야겠는데, 대체 어떤 부군 말인가요? 난 결혼하지 않았어요. 이 나라에서는 커플들이 결혼 서약을 하지요? 하지만 난 그런 적이 없어요. 노 허즈번드!!

아, 네, 네. 알겠어요.

당신 글은 읽어 볼게요. 그럼 안녕히, 미스터.

* 프랑스어로 '예스'.

114

다행히도 시카고 강연회는 청중으로
시작해서 청중으로 끝나는 일정은 아니다.
작가는 현실에 대해 더 공정하고 조금은 덜
무익한 시각을 제공해 주는 사람들이다.

카스토르는 뉴욕에 사는 친구에게 그런 작가 한 명의 전화번호를 얻는다.
만남이 빠르게 성사된다.

미국에서 경제적 평등
요구는 빈말이 되곤 해요.
유럽과는 다르지요. 거긴 당신
같은 사람이 사회주의 대연합을
꿈꾸는 곳이니까.

미국인들은 생활수준 차이를
저항감 없이 수용해요. 사회 계단을 개인적
방법으로 오르려 하지요. 또는 계층 상승의
엘리베이터를 타려고 하거나. 이 경우는 아주
운 좋은 사람들일 테지만요.

또한 그런 점이
신화에 참여할 기회를
준다고 생각해요.

아메리칸
드림이요…?

그런데 사르트르의 『자유의 길』은 진도가 어디까지 나갔어요? 나는 앞에 두 권을 읽었어요. 다음 권 기다리느라 목이 빠지겠어요.

어…

그렇지, 베이비! 그 책들을 읽었다니까!

이분들을 봐. 이분들은 역경을 홀로 헤쳐 나가거든. 이런 분들이 때때로 내게 평화를 준다고!

이 도시에서 보낼 시간이 36시간이에요. 너무 짧지요.

당신은 서부 순회 강연을 마치고 돌아오기만 하면 돼요. 한 바퀴 돌아 원점에서 다시 시작하자는 거지요.

왜 안 되겠어요. 어쨌든 난, 잠잘 시간은 한 손으로 꼽을 수 있는데, 우리가 마신 위스키 잔 수는 두 손을 다 써야겠네요. 그만 가서 자야겠어요.

두 달 뒤.

뭐야?

사르트르의
편지.

이번에도 그
프티 톰므*?

그가 요새 자주 보는
장 주네란 시인 이야기야.
재능이 뛰어나고 양면적 성향이
있대. 그 시인이 너무 궁금해서
어서 만나고 싶어.

사르트르의 편지는
꼭 웃게 돼. 들어 봐. "앙드레
브르통의 이 구절에 난 진
심으로 동의해. '여자 앞에
옷을 벗고 나타나야 한다면
수치스러울 것이다. 발기
상태일 때만 빼고.'"

하하하!

* '작은 남자'(le petit homme). 부부나 애인 간에 '여보'의 의미로 흔히 쓰는 애칭. 이 책에서 보부아르가 사르트르를 부르는 애칭이기도 하다.

117

이 말이 재미없어?

음, 당신들처럼 서로에게 모든 걸 다 말한다는 건 정말 이해 못할 일이기는 해. 그에게 우리 일도 말해?

경우마다 달라.

당신이 내게 하는 행동에 따라!

하하하!

당신들의 사적인 문서들을 전부 남겨 놓으면 훗날 당신들 전기 쓰는 작업은 누워서 떡 먹기가 되겠군!

어쨌든 사르트르와 내 관계는 건드리지 마.

그래도 변할 수는 있어.

앞으로의 활동에 따라 또 주변 사람들이 바뀌는 만큼 당신도 바뀌겠지. 다른 지식인들과도 만날 테고.

이상은 사회학자의 말씀이었습니다.

맹세할게, 넬슨. 당신을 배신하지 않아. 당신을 위해서라면 난 차아아악한 아내가 될 수 있어.

『제2의 성』이 1949년에 출간된다.

파리, 생제르맹데프레. 전 세계에 하나의 혁명이 일어나고 있다.

생큐, 반가워요.

바로 이거야. 여성 사회란 허구라는 것을 카스토르가 입증했어.

안녕, 이름이 뭐예요?

폴린이에요.

어쨌거나 여성의 문제란 없었어. 언제나 남성 문제였던 것이지!

선생님처럼 아름다운 분이 여성성을 거부하다니, 어떻게 그럴 수 있나요?

카스토르는 헤겔과 메를로의 사유를 이어 나갔어. 몸이란 객체가 아니라 상황이라는 것이지.

아니요. 난 여성성을 버리자는 게 아니라, 여성성이란 타고난 속성이 아니라고 말하고 싶은 겁니다.

인간은 그 몸을 통해서 주위 세계와 그리고 역사와 관계를 맺는 것이지.

여성으로 사는 것이 운명은 아니에요. 당신이란 존재를 결정하는 건 여성성이 아닙니다.

안녕히!

물러나 주세요, 더 뒤로. 이렇게 바싹 붙으면 곤란합니다. 모두 사인 받을 수 있어요!

봉주르, 로랑에게. 라고 써 주세요.

봉주르.

저는 학생들을 가르쳐요. 라디오에서 당신이 마르크스주의와 여성의 존재 조건을 연관 지어 말하는 걸 듣고 당장 이 책을 샀어요.

이 문제를 사회적 관점에서도 연구하다 보니, 자연히 여성을 피억압자로 바라보게 된 거지요. 여성은 프롤레타리아와 같은 처지예요.

부르주아들요?

부르주아들은 아내를 소유하지요. 토지나 유산을 소유하듯이요.

그렇다면 사회주의가 여성에게 희망을 제시해 준다는 말씀인가요?

여성을 억압에서 벗어나게 하는 것, 결혼, 가정에서 벗어나게 하는 거라면 무엇이든 여성 해방에 이바지 하는 거예요.

여자로 태어나는 것이 아니라, 여자가 되는 것이다. 사회 속에서 여성이라는 성의 형상은 결코 어떤 생물학적, 정신분석학적 경제적 운명에 따라 결정되는 것이 아니다. 문명 전체가 남성과 거세된 남성 사이의 중간 산물을 만들어, 그것을 여성으로 규정한다.

1951년 카뮈가 『반항인』을 펴내자 사르트르는 『현대』에 이 책에 대한 평론을 실으려고 글 쓸 사람을 찾는다.

그런데 어떤 편집위원들도 이 책에 호감을 보이지 않았다.

나도 되도록이면 쓰고 싶었어. 하지만 내가 쓴다 해도 그 책의 개념상의 빈약함을 지적하는 것이 고작일 거야.

게다가 그 빈약함을 증명하는 게 그리 어렵지도 않을걸.

결국 프랑시스 장송이 그 일에 나선다. 어쨌거나 얼마 전부터 그가 이 잡지의 경영을 떠맡고 있는 것이다.

저요!

생각해서 해 주는 말인데, 당신 지금 무리하는 거예요.

그렇게 돌다리만 두드릴 순 없어요. 필요한 건 그 책에 대한 비평문을 쓰는 일이에요. 그럴 가치가 있어요. 다른 모든 책들이 그렇듯이요.

최선을 다할 겁니다. 그러면 된 거지요. 전 카뮈와 잡지를 만들고 싶었는데 그에게 거절당했잖아요. 그가 제 제안을 수락해야만 했던 이유를 보여 줄 거예요.

x

얼마 뒤, 그 비평문은 잡지에 실리고, 당연히 카뮈의 손에도 들어간다.
카뮈로서는 가혹한 일격을 받은 셈이다.

많은 사람들이 그 비평문을 유감스러워했는데,
그중에는 로베르 갈리마르도 있다.

그러고 나서
어떻게 되었어?

카뮈가 사르트르에게
'편집장님 귀하'로 시작하는 편지
한 통을 보냈어. 이제껏 두 사람은 서로
아주 친밀한 말투를 썼거든. 서로에게
'님'자를 붙여 부른 적은 결코 없었어.

카뮈는 사르트르가
자기 생각을 장송
에게 흘려줬다고
비난하는 거야?

그렇지. 카뮈는
이 모든 일이 자기
몰래 대대적으로 조직
됐다고 생각해. 자신이
부당하게 비난받고
있다고 생각하지.

사르트르까지 곧장 답신을
보냈어. "친애하는 카뮈, 우리의
우정은 쉽지 않았고 그런 만큼
그 우정이 그리울 것입니다. 이제
당신은 그 우정을 끊겠다 하는데,
그것은 예전에 끊어져야 했어요."

그런 뒤로, 두 사람
사이는 끝난 거야?

끝났어. 이뤄지지
않은 러브스토리인
셈이지.

122

저기 보이지?

어, 밀지 마!

보나파르트 거리야! 마제트, 여기가 그 사람이 사는 곳이라니까!

하지만 저 카페로 가곤 하지.

저기 저 사람이 그 사람?

얼마 전부터 사르트르는 한 문제에 골몰하고 있다.

한 인간의 모든 것을 알 수 있을까?

그는 『보들레르』 집필을 막 마쳤는데, 이 책은 시인의 전기도 아니고 그에게 바치는 존경도 아니고 소설도 아닌, 실존적 정신분석 시론이다.

지금 그는 어떤 다른 주제, 마찬가지로 흥미로운 다른 목표점을 찾았다.

당신 희곡 『하녀들』은 정말 좋았어요. 긴장감도 살아 있고, 부르주아에게 당당히 한 방 날렸잖아요!

주네, 당신 스타일은 데카르트와 같아요. 데카르트에 시(詩)를 얹어 놓았어요.

아…

맞아요. 그렇다니까요. 시는 당신 삶의 방식이지요, 분명.

저는 현실에 상상력을 적용한 겁니다. 그게 전부예요.

당신 작품에서 마음에 드는 점은 도망치려 하지 않고 현실을 극복하려고 한다는 점이에요. 당신은 본질에서 실존으로 넘어간 겁니다.

주네는 이 두 사람에게 자신의 자전적 소설 『도둑 일기』를 헌정한 바 있다.

하지만 가끔 도망치고 싶었어요. 그러면서도 제가 제 운명을 만들고 있다는 걸 모르고요.

제 작품들을 좋아 한다는 건 저를 아끼기 때문이겠지요.

또한 내가 당신에 대해 글을 쓰는 중이기 때문이기도 해요.

저를요? 전 이미 자서전을 쓴걸요!

왜 당신도 그 일에 손을 댄 거예요? 여러 권의 주네가 진짜 필요한 건가요?

둘이 있다 해도, 그중 하나를 이해하는 데 많은 수는 아닐걸요.

우리는 자신을 알 수 있도록 정보를 주는 정보원이 둘씩 있어요. 우리의 내적 감각, 그리고 주변 사람들이라는 정보원. 이 자료들은 겹치거나 보완도 돼요. 자료를 비교해서 고칠 수 있지요.

그렇게 남을 통해 자기라는 존재를 이해하는 거예요.

가장 중요한 건 남이 생각하는 내 모습이 아니라, 남의 눈에 비친 내 모습을 통해 자신을 생각하는 겁니다.

아하! 그렇군요! 그 점에서 저는 죄인입니다!

아닙니다. 정확히 말하면, 주네 당신은 전적으로 무죄입니다.

124

잠시 후.

제 무의식 속 비열한 어둠을 조심하세요, 사르트르!

저 친구와 난 처음 만났을 때부터 저 친구 말고 다른 주제로 이야기해 본 적이 없어. 그렇게 이야기를 나누고 나면, 저 친구와 나 둘 다 생각이 정리되곤 하지.

몇 달 뒤, 사르트르는 『성(聖) 주네, 배우와 순교자』라는 제목의 실존적 정신분석 평론을 발표한다.

하루 15시간씩 그를 탐구하니 그가 나를 강박증처럼 쫓아다니게 됐어. 하지만 아주 재밌는 일이기도 해.

응, 알아. 당신은 원하는 일을 할 때는 참을성이 많아지거든.

고도의 정밀성을 보여 주는 이 분석적 연구서는 장 주네의 정신에 대해, 주네 자신이 큰 충격을 받을 만큼 파격적인 진실들을 드러낸다.

아, 그건 성급한 단정이야, 카스토르! 미셸이 오기로 했는데. 벌써 10분이나 늦는군.

나는 그만 갈게. 미셸에게 안부 전해 줘. 집에서 클로드와 만나기로 했어.

친구 예술가들이 응원했지만, 장 주네는 충격에서 회복되는 데 여러 달이 걸렸다.

나도 뭔가를 찾아내서 대응해야 하는데….

보나파르트 거리 42번지.

벨이 울리네!

짐을 꾸리는 모습에서 알 수 있듯이 중요한 여행을 앞두고 있지만 분위기는 여느 때와 다를 바 없다. 이 여행을 성사시키기까지는 어려움이 많았다.

아, 이렇게 와 주어서 기뻐, 아가.

저도요, 마담! 저도 기뻐요.

바로 얼마 전에 공쿠르 상을 받았다면서!

게다가 『레 망다랭』의 판매 부수는 전 세계에서 이미 초현실적이 되고 있지! 우리의 망할 카스토르 같으니!

축하합니다!

장 코는 1946년에 사르트르의 조수가 되었다.

고마워요. 잘 지내지요? 난 당신이 오전에만 일하는 줄 알았어요. 저 사람이 당신을 착취하는 건 아닐 테지요!

두 분이 여행을 가야 하고, 처리할 우편물은 밀려 있고, 『현대』 다음 호 준비도 해야 하고… 할 일이 평소보다 많아요. 그래서 여기 좀 더 있기로 했어요.

아참, 다음 호에 소련 강제노동 수용소 관련 연속 기획이 실리지요?

네.

메를로가 자신이 쓴 글을 보내 줘서 읽어 봤어요. 탁월했어요.

게다가 내일은 마르크스주의자들과 토론이 있어요.

아, 그래요?

응. 인도차이나 공산주의자들과 토론해. 얼마 전에 내가 드골에 대해 "그는 공산당을 적으로 돌리고, 그 모든 골치 아픈 일을 벌이고…" 이런 식으로 비판했지. 그랬더니 맙소사, 또 자문역으로 토론회에 나오래.

하지만 이건 어리석은 일이야. 작가와 정치의 관계는….

그럼 난 프티 보스트*와 함께 참석할게. 마침 여행 가기 전에 그를 만나고 싶었으니까.

지난번처럼 국립 고등공예 학교의 어린 바보들이나 멍청이 드골주의자들이 너무 많이 오지 않기를 바라야지.

그 역겨운 쥐새끼들 말이군.

내일 토론에서 당신은 르 레아프의 체포에 항의할 예정이지?

그 사람이 누군데?

'CGT'**의 지도자 예요. 그 사람이 인도차이나전쟁을 반대한다고 용감하게 선언한 것이 이 모든 상황을 낳았어요.

아하!

그렇다면 당신은 그 방향으로 치고 나갈 생각이야?

그래, 드골식 마녀사냥을 공격해야지. 그래서 인도차이나전쟁이 부도덕하다는 주장이 반드시 공산주의자들만의 주장이 아니라는 사실을 보여 주어야지.

그들은 공산당을 허깨비 취급하고 있어요!

당신은 우리가 중국을 방문한다는 걸 내일 인도 차이나 공산주의자들에게 알릴 생각이지?

* 사르트르와 보부아르가 보스트를 부른 애칭.
** 노동총동맹(Confédération Générale du Travail).

1955년 가을, 한 달 동안 사르트르와 보부아르는 중화인민공화국을 여행한다.

이 공식 방문에는 환영식과 기자회견이 포함되어 있다. 일정을 수행하는 동안 그들은 수많은 사람과 악수를 나누고 수없이 웃어 보여야 한다.

하지만 이 여행은 또한 문화 충격을 겪는 계기이자 사회주의국가의 실체를 확인할 기회이기도 했다.

궁금한 게 있어. 여기 노동 계급 여성들은 공장에서 몇 시간 일을 하는 걸까? 또 밭에 나가서 일하는 시간은 얼마일까?

두 노동이 같은 조건이어서는 안 돼. 게다가 밭일을 한다면, 육아 의무도 다르게 부과돼야 하고.

천천히 심호흡을 해 봐….

괜찮아.

괜찮아. 카스토르….

맨 먼저 중국인들을 권력의 기만에서 깨어나게 해야 해.*

맞아. 여행이란 이렇게 환상을 벗게 해 주지.

그래, 또 남과 나의 차이점을 언제나 유쾌하게 거론할 수 있는 건 아니라는 사실을 빨리 이해하게 돼.

이건 남는 게 없는 내기야.

지금 그 말은 누구에게…

아, 안 돼! 겨우 2분 전에 숨이 차서 고래처럼 헐떡거렸으면서.

좋아, 그럼 2분 더 있다가 피울게.

있잖아, 난 여기 온 뒤로 3년 전 빈에서 있었던 평화대회*가 가끔 생각나.

그래, 그 대회 역시 인류 연대의 한마당이었어.

* 1952년 12월 12일 열린 제국민평화대회.

당신은 오스트리아 모든 극장에서 당신 작품*이 공연되는 것을 직접 나서서 막았어. 그 작품이 공산당에 대해 너무 비판적이라는 생각이 별안간 들어서였지.

그런데 그때 결국 공산주의자는 극소수만 참가했지.

그래, 그랬지. 게다가 당신도 내게 그러라고 했어.

어쨌든 난 의도하지 않았어. 하지만 여기 와서, 정치 상황을 보니… 휴….

여기서도 그 공연을 금지시킬 생각이야?

그건 언제나 그래. 우리는 여전히 냉전 시대를 살고 있으니까. 그런데 내가 궁금한 건, 그렇다고 해서 오늘날 『더러운 손』이 미국을 지지하는 작품으로 해석될 수 있느냐는 거야.

사르트르!

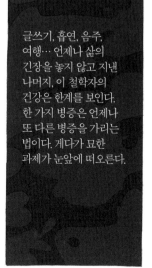

글쓰기, 흡연, 음주, 여행… 언제나 삶의 긴장을 놓지 않고 지낸 나머지, 이 철학자의 건강은 한계를 보인다. 한 가지 병증은 언제나 또 다른 병증을 가리는 법이다. 게다가 묘한 과제가 눈앞에 떠오른다.

* 1948년 작품 『더러운 손』을 가리킨다.

몇 달 뒤.

당신은 또 한 사람을 발가 벗기고 있구나. 그의 정신세계, 가족 계보, 그가 살던 시대를 구석구석 파 들어가고 있어. 이건 편집증이야!

더구나 염치도 모르시지요! 하지만 이번에는 보복당할 염려는 없습니다. 헤헤.

어릴 때 『보바리 부인』을 읽은 뒤부터 그에게 거부감과 매혹을 느꼈어. 보바리 부인은 바로 그 사람이니까!

그래, 그건 당신이 어쩔 수 없는 일이야.

두 사람은 무얼 불평하는 거지? 아마 난 플로베르를 낱낱이 파헤칠 것이고, 나아가 무의식에 대한 견해까지 바꿔 놓을 거야.

견해를 바꿔 놓는 건가요, 여론을 바꿔 놓는 건가요?

하하하!

하하!

두 잔 더 줘요!

음….

건강을 돌보더라도 쉴 때는 쉬어야잖아!

그래, 맞아! 맥주 한 잔이지. 하루에 보야르 담배 두 갑에 더해서 말이야!

글쓰기도 내 습관이고 흡연도 내 습관인걸.

요즘 내가 무리하는 건 사실이야. 하지만 그래야 『변증법적 이성비판』 집필을 끝낼 수 있어. 문학과 달리 철학은 약물 활용을 용인할 수 있는데….

50세가 넘어서도 사르트르는 여전히 무의식이란 존재하지 않는다고 못 박아 말한다.

그렇지만 바로 그런 그에게 영화감독 존 휴스턴은 청년 프로이트를 소재로 한 전기 영화의 시나리오 집필을 청탁해 온다.

사르트르의 친구이자 정신분석가인 퐁탈리스는 이 특별한 시기를 '발견의 초창기'라고 이름 붙인다.

이 작업의 대가로 상당한 사례금과 짧은 여행*을 선물로 받는다.

휴! 여긴 정말 세계의 끝이군요! 아일 랜드가 이렇게 적막한 덴 줄 몰랐습니다.

사르트르는 일종의 무모한 도박에 뛰어들어 수백 페이지에 이르는 시나리오를 열정적으로 써 내려간다.

아, 감독님은 여행의 기술을 보여 주십니다. 제 방에 멕시코 예수상이 있더군요. 그걸 보니 편치 않아요. 고통스런 느낌이었거든요.

...

여기 이 작은 트로피들은 어디 것인가요?

콜롬비아요.

* 존 휴스턴은 사르트르를 아일랜드로 초대했다.

생각해 보면 웃긴데요, 프로이트도 이런 것을 수집한 걸 아세요? 프로이트는 이런 것들을 자기 책상에 한가득 올려놓았어요. 푹 파묻힐 만큼 빼곡해서 글을 쓸 공간이 없을 정도로요.

그건 그냥 장식물이 아니었어요. 그는 거기에 모든 신화, 터부를 투사했어요. 부친 살해, 원시적 무리의 아버지*, 그 자신의 개인사, 자신의 환상들, 음란한 무엇들… 이런 것들이 머릿속을 가득 채웠던 겁니다!

저의 무의식 속에는 아무것도 없습니다.

아아 그게요.

?

가끔 저리 오래 볼일을 보나요?

완성된 시나리오는 영화로 만들면 상영 시간이 5시간이나 되었다. 사르트르는 수정 요구를 거부하다가, 결국 자기 이름을 영화 자막에서 빼라고 한다. 이렇게 해서 『프로이트, 은밀한 열정』은 1962년 개봉된다.

저, 선생님. 지금 몰리에르의 언어를 써서 이야기를 건네고 계십니다. 또한 상대적으로, 에, 말씀이 빠르시고요….

그리고 제 생각에는, 이제 무의식에 관한 말씀은 그만하는 게 좋겠습니다.

* 프로이트의 『토템과 터부』에 등장하는 개념들이다.

1960년, 사르트르와 보부아르는 쿠바 여행을 마치고 돌아온다.
시간은 여전히 흐르고, 또 어떤 것들은 결코 변하지 않는 것 같다.

그렇지만 그해 초,
카뮈가 비극적으로
세상을 떠났다.

고마워요!

앗!

세상은 알제리전쟁으로 흔들리고 있었다.

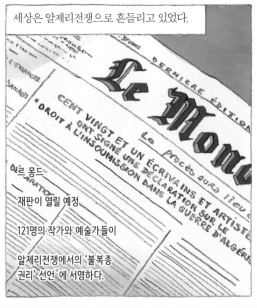

르 몽드

재판이 열릴 예정

121명의 작가와 예술가들이

알제리전쟁에서의 '불복종
권리' 선언 에 서명하다.

일이 심상치
않네!

물론 언제나 그렇듯, 대중지인 『프랑스 스와르』지를 사 보면서 정치 사회
문제에는 무감각한 보통 사람들이 있기 마련이고, 그들은 현 상황에 대해
입을 다문다. 그렇지만 다르게 행동하는 사람들도 있다.

* 1960년, 드골 정부의 알제리전쟁에 반대하는 121인의 지식인들이 알제리전쟁을 기피한('불복종'한) 군인들을 옹호하기 위해 『알제리전쟁에서의 불복종의 권리 선
언』에 서명한 사건.

다음 날, 파리 군사재판소.

프랑스 장송이 이끄는 비밀 그룹으로 'FLN'*을 지원해 온 '장송 네트워크'가 3년간의 활약을 끝으로 'DST'**에 의해 와해된다.

재판이 열린다. 롤랑 뒤마가 자크 베르제와 함께 떠들썩한 반향을 끌어내며 변호인단에 참여한다. 그들이 변호하는 피고 24명은 '옷가방 운반자들'***로, 알제리민족해방전선에 자금을 운반해 준 혐의를 받고 있다.

피고들은 철학자 에드가 모랭의 책에 나온 구절에 따라 행동한 죄밖에 없습니다. 그 구절을 인용하겠습니다. "우리는 식민지 전쟁에 반대하며 민중의 권리를 지지한다."

(이 피고들은) 예술가, 지식인, 노동자, 연극배우, 병영 이탈자들….

장송은 5년 전 『법의 보호를 빼앗긴 알제리』라는 선동적인 책을 냈습니다. 프랑스의 분열을 사주하는, 극단적 폭력성을 드러낸 책입니다.

그 전날 발표된 '121인 선언'은 이 재판의 쟁점을 완전히 바꾸어 놓는다. 알제리전쟁 재판이 되어 버린 것이다.

장송은 프랑스와 프랑스의 평화주의 이상을 결코 배신하지 않겠다는 자신의 행동 노선을 따랐을 뿐입니다.

미안하지만, 우린 여기서 플라톤의 향연을 벌이는 것이 아니라는 점을 유념해 주십시오.

비시!

드골, 학살 군주!

조용히!

베르코르, 나탈리 사로트, 마르셀 에메 같은 작가들이 이 법정에 나와서 증언한다.

증인은 예, 혹은 아니요로 대답해 주시기 바랍니다. 알제리에서 고문이 행해진 사례가 있습니까?

예, 재판장님. 알제리에서는 군대가 비무장 평화시위대를 향해 발포합니다. 바로 그 때문에 저는 군대에서 도망쳤습니다. 맹세하건대 제 말은 진실입니다, 재판장님.

* 알제리민족해방전선(Front de Libération Nationale).
** 국토감시국(Direction de la surveillance du territoire). 프랑스의 정보기관이다.
*** 돈과 서류 따위를 운반하는 임무를 수행한 데서 붙여진 이름.

고문이 도살자를 만드는 거야!

사르트르를 불러!

조용하지 않으면 모두 퇴정 시키겠습니다!

허락하신다면, 재판장님! 사르트르가 이 피고인들을 지지한다는 것을 말씀드리고 싶습니다. 그는 현재 바이아*를 공식 방문 중인데, 여기 그의 서신이 있습니다.

만약 장송이 나에게 옷가방을 운반해 달라고 요청했더라면 혹은 알제리 독립투사들의 숙소를 제공해 달라고 요청했더라면,

또 내가 그들을 위험에 빠뜨리지 않고 그렇게 할 수 있었다면, 나는 주저 없이 그 요청을 받아들였을 것입니다… 그들이 상기시켜 주는 것이야말로

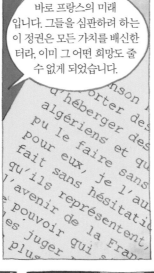

바로 프랑스의 미래 입니다. 그들을 심판하려 하는 이 정권은 모든 가치를 배신한 터라, 이미 그 어떤 희망도 줄 수 없게 되었습니다.

식민주의는 인간을 폭력을 통해 예속시키고, 강제력을 동원해 빈곤과 무지 상태에, 마르크스의 말에 따르면, '인간 이하'의 상태에 놓이게 하는 것으로, 말하자면 인간에게서 인간의 권리를 박탈합니다.

알제리 민족주의는 과거 전통, 흘러간 충성심의 단순한 부활이 아닙니다. 그것은 알제리인들이 자신들에게 행해지는 착취에서 벗어나기 위해 선택할 수 있는 유일한 출구인 것입니다.

우리가 시도할 수 있고 시도해야만 하는 유일한 일은 - 그렇지만 오늘날 가장 중요한 것이기도 한 그 일은 - 알제리 민족주의 편에 서서 싸움으로써, 식민 압제로부터 알제리인들과 프랑스인들을 동시에 해방시키는 일입니다.

국외로 도피 중인 장송은 결석재판에서 10년 징역형을 선고받는다. 장송 네트워크의 멤버 14명에게도 같은 형량이 선고된다.

만약 우리가 입을 다물고 모른 체한다면 우리는 모두 살인자가 되는 것입니다.

* 브라질의 주.

136

1960년 10월 3일, 사르트르를 배신자로 성토하는 분위기가 최고조에 이른다.
사르트르가 모든 '가짜 프랑스인들'을 부추겨 알제리를 놓아주려 한다는 것이다.

사르트르를 총살하라!*

ALGÉRIE française

알제리는 프랑스령이다!

CONDAMNEZ SARTRE!

알제리 프랑세즈**

사르트르를 처형하라!

사르트르의 아파트는 곧바로 'OAS'***의 공격 목표물이 된다.

121인 선언의 다른 서명자들과 달리 기소되지 않은 이유는 무엇인가요?****

…

드골에게 '예스'라고 말한다면, 그때는 꿈을 꾸는 중이다. '노'라고 말한다면 잠에서 깨어난 것이다. 우리가 원하는 것이 몸을 일으켜 일어나는 일인지 아니면 누워 잠드는 일인지 이제 알아야 할 때가 되었다.

* 재향군인회 5천 명이 벌인 시위 행진의 푯말이었다.
** 프랑스령 알제리. 알제리와 프랑스가 한 몸임을 의미하는 구호. 식민 통치 기간 중 알제리를 프랑스의 한 부분으로 여긴 데서 나온 구호다.
*** 비밀 군사조직(Organisation de l'armée secrète).
**** 당시 사르트르를 불복종 반역죄로 구속하라는 요구에 드골은 "그도 프랑스이다. 볼테르를 구속할 법은 없다."라는 말로 거절한다.

알제리 정전협정인 '에비앙 협정' 1년 뒤, 사르트르는 자서전을 낸다.

하지만… 난 내 아들이 자기 어린 시절은 전혀 이해하지 못했다 싶어. 여전히!

그건 부인이 아직 감정이 북받친 상태여서 그래요. 또 내밀한 이야기를 책으로 내게 되면 감정에 영향을 받는 게 정상이고요.

자서전 제목은 '장상테르'로 할 예정이었지만 결국 『말』로 결정된다.

자랑스럽다 생각하시면 틀림없이 금방 익숙해지실 거예요.

오, 아니, 아니!

아니라니, 왜요?

아니, 그걸 마시면 머릿속이 빙빙 돌아서 안 돼.

자, 우리와 건배하시면서 조금만 드세요.

평론가들은 칭찬 일색이에요. 이 책이 선생님의 대표작이 될 수도 있겠어요.

이번에 보다시피, 남을 정밀하게 분석하는 수고를 들일 게 아니라, 자신에게서 시작해야 하는 거지요!

나는 지금, 세상을 떠난 친구들이 자꾸 생각나. 카뮈, 메를로….

이보게, 퐁탈리스! 나를 분석해 볼 생각은 없나?

어, 그러면 저야 영광이지요. 하지만 불가능해요…. 선생님과 저는 오래 친밀하게 지냈잖아요.

좋아. 하지만 뭐랄까, 지적 호기심에서 해 본 말이었어.

1964년 12월 10일.

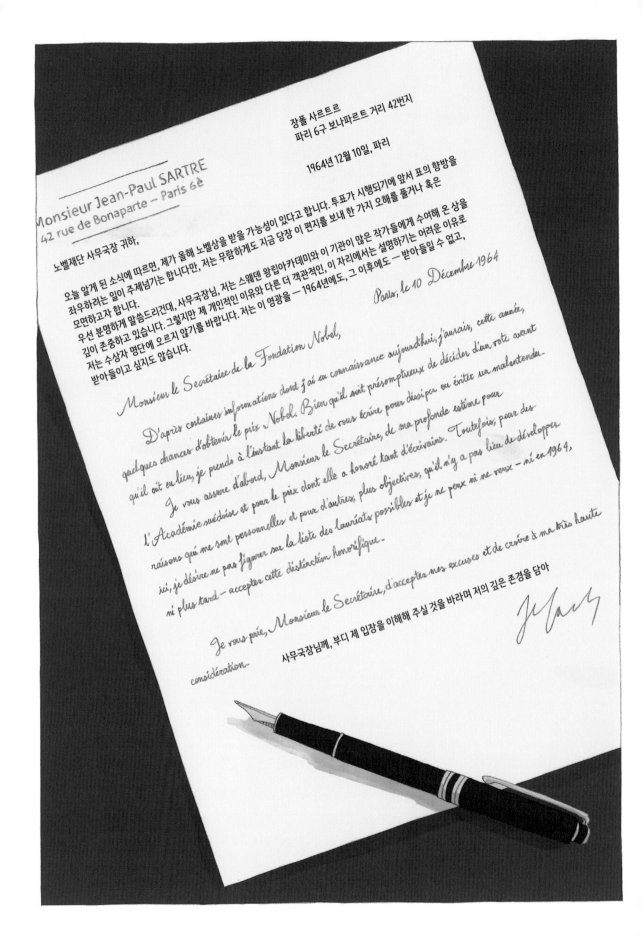

Monsieur Jean-Paul SARTRE
42 rue de Bonaparte – Paris 6è

노벨재단 사무국장 귀하,

오늘 알게 된 소식에 따르면, 제가 올해 노벨상을 받을 가능성이 있다고 합니다. 투표가 시행되기에 앞서 표의 향방을 좌우하려는 일이 주제넘기는 합니다만, 저는 무람하게도 지금 당장 이 편지를 보내 한 가지 오해를 풀거나 혹은 모면하고자 합니다.

우선 분명하게 말씀드리건대, 사무국장님, 저는 스웨덴 왕립아카데미와 이 기관이 많은 작가들에게 수여해 온 상을 깊이 존중하고 있습니다. 그렇지만 제 개인적인 이유와 다른 더 객관적인, 이 자리에서는 설명하기는 어려운 이유로 저는 수상자 명단에 오르지 않기를 바랍니다. 저는 이 영광을 — 1964년에도, 그 이후에도 — 받아들일 수 없고, 받아들이고 싶지도 않습니다.

Paris, le 10 Décembre 1964

Monsieur le Secrétaire de la Fondation Nobel,

D'après certaines informations dont j'ai eu connaissance aujourd'hui, j'aurais, cette année, quelques chances d'obtenir le prix Nobel. Bien qu'il soit présomptueux de décider d'un vote avant qu'il ait eu lieu, je prends à l'instant la liberté de vous écrire pour dissiper ou éviter un malentendu.

Je vous assure d'abord, Monsieur le Secrétaire, de ma profonde estime pour l'Académie suédoise et pour le prix dont elle a honoré tant d'écrivains. Toutefois, pour des raisons qui me sont personnelles et pour d'autres, plus objectives, qu'il n'y a pas lieu de développer ici, je désire ne pas figurer sur la liste des lauréats possibles et je ne peux ni ne veux — ni en 1964, ni plus tard — accepter cette distinction honorifique.

Je vous prie, Monsieur le Secrétaire, d'accepter mes excuses et de croire à ma très haute considération.

사무국장님께, 부디 제 입장을 이해해 주실 것을 바라며 저의 깊은 존경을 담아

그러나 스웨덴 왕립아카데미 사무국장은 겨울 스포츠 휴가 중이었다.
이 편지는 수상자가 발표된 뒤에야 전달된다.

"올해 노벨문학상은 프랑스 작가 장폴 사르트르에게 돌아갔습니다.
그의 작품은, 그것이 보여 주는 자유정신과 진실 추구를 통해
우리 시대에 큰 영향을 주었습니다."

이어서 곧바로 이 발표문을 수정하는 스톡홀름의 또 다른 공식 성명이
나온다. 수상자 선정 소식이 이미 전 세계에 전해진 다음이었다.

나는 사르트르가 생전에 영예를
얻는 것을 거부하기 때문에
노벨문학상 수상을 거부했다.

그 어떤 예술가, 그 어떤 작가, 그 어떤
사람도 살아 있는 동안에는 영예를 얻을
자격이 없다. 왜냐하면 그는 무엇이든
바꿀 힘과 자유를 지니고 있기 때문이다.

사람은 그 자신이 만들어 나가는
것이다. 나는 노벨상을 거부함으로써
여전히 행동할 수 있는 한, 결코
노벨상을 받지 않을 생각이다.

에필로그

1980년 4월 19일 토요일, 파리.

나갔다 올게요.

어디 가는데?

사르트르의 죽음에 반대하는 시위에 나가요.

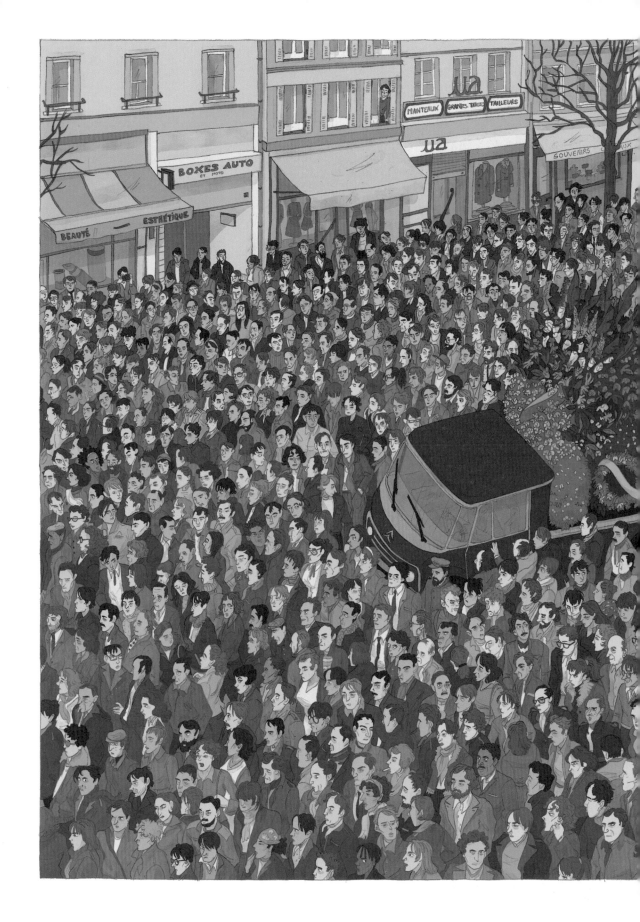

나는 살면서 그랬듯이 죽을 때도
자유를 깊이 느끼며 죽을 것이다.

1965년, 사르트르가 아를레트 엘카임을 양녀로 삼는다. 시몬 드 보부아르는 실비 르 봉을 양녀로 삼는다.

1968년, 사르트르는 베트남전쟁에 관심을 기울이면서, 러셀 전범재판소에 집행위원장으로 참여한다.

68년 5월 혁명 당시, 건강이 좋지 않은 사르트르는 여론을 선도하는 사상가의 위치를 지키기보다 다시금 고독한 작가의 자리로 돌아온다. 이런 상황에서도 다니엘 콘벤디트[1]와 만나 대담을 나누는데, 그 내용이 시사주간지 『르누벨 옵쇠르바퇴르』에 실린다.

1969년 1월 30일, 안마리 망시가 87세를 일기로 사망한다.

1969년 2월 10일, 메종 드 라 뮈튀알리테에서 개최된 좌담회에 참석한 사르트르는 자신의 발언대 위에 "사르트르, 명확하게, 짧게 말씀하세요. 이 좌담회는 우리가 어떤 방향성을 채택해야 할지 논의하고자 모인 자리입니다"라고 적힌 종이쪽지가 놓인 것을 발견한다.[2] 그 좌담회는 34명의 학생이 대학에서 제적된 것에 항의하고, 또한 에드가 포르 법무장관이 제안한 대학교 개혁 방안을 논의하기 위해 개최된 것으로, 미셸 푸코도 참석했다.

1969년, 「녹음기 앞의 인간」을 발표하여 정신분석 이론을 우회적으로 비판한다. "나는 정신분석학의 거짓 옹호자가 아니라 비판적 길동무이다."

1970년 3월 22일, 프롤레타리아 공산주의혁명을 표방하는 신문 『인민의 대의』[3]의 주간 장피에르 르 당테크와 그의 후계자 미셸 르 브리가 체포된다. 사르트르는 이 신문의 편집주간을 맡고, 아울러 신문 『전부!』와 잡지 『나는 고발한다』의 창간을 주도한다. 6월, 클로드 란츠만, 시몬 드 보부아르, 로베르 갈리마르 등과 협력해 『인민의 대의』 가두판매에 적극 나섰다가[4] 경찰에 연행된다. 이 사건으로 사르트르는 자신에게 주어진, 선구적 지식인의 보증인이자 대변인이라는 역할을 또 한 번 수행했다. 그럼으로써 다른 사람들이 한층 자유롭게 적극적으로 권위와 맞서 싸우도록 독려한다.

1970년 10월 21일, 알랭 제이스마르[5] 재판이 열린다. 사르트르는 자신의 진술이 받아들여지지 않을 것을 알고 재판정에 증인으로 서기를 거부한다. 대신 그는 자신의 견해를 공개적으로 밝히기로 결심한다. 비르아켐 광장에서 사르트르는 불로뉴비앙쿠르의 르노 자동차공장 노동자들 앞에 놓인 드럼통 위에 올라선다. 당시 연설을 듣기 위해 참석한 마오이스트들은 극소수였지만, 사르트르의 이 행동은 제이스마르 재판에 상당한 영향을 끼친다.

사르트르는 귀스타브 플로베르에 대한 실존적 정신분석으로 채워질 2802쪽의 대작 『집안의 백치』 집필 작업에 매진한다. 1971년, 이 책 1, 2권이 출간되고, 이어서 1972년에 3권이 출간된다. 어째서 플로베르인가? 이 질문에 대해 사르트르는 "플로베르는 나와 대척점에 있기 때문"이라고 답한다. 인류학의 클로드 레비스트로스와 정신분석학의 자크 라캉이 주도하는 구조주의운동 회합에 참여하지 않는다. 아쉽게도 사르트르는 푸코를 그리 신뢰하지 않았으며, 또한 루이 알튀세르와 강연 대결은 앞서 고등사범학교에서 단 한 번[6] 하고는 더 이상 수락하지 않는다. 1972년 12월, 피에르 빅토라는 이름으로 알려진 베니 레비가 그의 비서가 된다. 고등사범학교를 나온 철학자인 베니 레비는 프롤레타리아좌파의 주도적 인물이다.

1972년, 일련의 인상적인 대담이 미셸 콩타와 알렉상드르 아스트뤼크에 의해 『사르트르 그 자신』이라는 제목의 영화로 만들어진다. 영화 속의 사르트르는 특히 시몬 드 보부아르와 함께하는 모습이다.
사르트르는 푸코, 클라벨, 모리악과 함께 파리 구트도르 구역에서 이민 노동자들을 겨냥한 인종차별에 반대하는 집회를 연다. 리베라시옹 신문사 설립에도 참여해, 1973년 5월 23일 일간지 『리베라시옹』이 창간된다.

1974년 12월 4일, 독일 정부의 허가를 얻어 'RAF'(적군파)의 수장 안드레아스 바더를 면회한다. 바더는 당시 자신의 구금에 항의해 옥중 단식투쟁 중이었다. 다니엘 콘벤디트('붉은 다니'[7])가 통역으로 입회한 자리에서 그는 30분간 바더와 대화를 나눈다. 사르트르는 바더 마인호프 그룹이 이끄는 정치적 행위들이 혁명이라는 관점에서는 흥미롭지만, 그 폭력적 방법[8]은 효과적이지도 정당하지도 않다고 생각한다. 1974년 봄, '카네이션 혁명'[9] 당시 포르투갈을 방문하여 극좌파에 대한 지지를 표명한다. 어지러움을 느끼는 횟수가 점점 늘다가 결국 왼쪽 눈의 시력을 잃는다. 그래도 아직은 어둠과 움직임이 어느 정도는 분간된다.

1979년 3월, 『현대』지 주관으로 팔레스타인과 이스라엘의 지식인들이 참가한 콜로키움(전문가 회의) '지금 평화인가?'를 개최한다.

1979년 6월 26일, 사르트르는 베트남과 캄보디아 난민에 대한 지원을 프랑스 대통령에게 요청하고자 엘리제궁을 방문하는데, 함께 행동한 사람들 가운데 레몽 아롱의 이름이 들어 있다.

1980년 4월 15일 저녁, 장폴 사르트르는 파리 14구의 브루세 병원에서 폐부종으로 사망한다. 사르트르의 장례 행렬에는 5만 명의 시민들이 모여들었다.

---

1 5월 혁명 당시 학생시위대를 이끌던 지도자 가운데 한 사람.
2 사르트르의 영향력이 감소하고 있었음을 보여 주는 상징적 사건으로 자주 인용된다. 5월 혁명에 참여한 학생과 지식인 들이 열광하던 대상은 사르트르보다는 푸코였다.
3 마오주의자들의 기관지.
4 정부의 신문 압수 조처에 항의하기 위한 행동이었다.
5 마오이스트 운동조직 프롤레타리아좌파의 지도자.
6 1960년에 있었는데, 알튀세르의 승리였다는 것이 당시 대체적인 평이었다.
7 정치적 지향과 머리카락 색깔 때문에 붙은 별명.
8 정치인 암살 행위가 포함되어 있었다.
9 포르투갈 민주화를 이룩한 무혈 혁명.

장폴 사르트르와 시몬 드 보부아르의 주변 인물

샤를 슈바이처
(파펜호펜, 1844-1935)

사르트르의 외할아버지. 알자스의 소읍 파펜호펜 출신이다. 사르트르의 아버지 대신 정신적 아버지의 역을 맡아, 손자 풀루에게 지적인 모범을 보이며 아주 일찍부터 책에 대한 열정을 심어 준다. 아내 루이즈와 딸 안마리를 포함, 가족에게 권위적이고 영향력 있는 흰 수염의 이 독일어 교수는 명예와 성실성을 소중하게 여긴다. 어린 사르트르가 자기 어머니의 지갑에서 몇 푼을 훔쳐 또래 친구들에게 동네 제과점의 과자를 사 주었다는 사실을 알게 되자, 그 벌로 몇 달 동안이나 손자를 모른 체한다.

안마리 슈바이처
(생탈뱅, 1882-1969)

사르트르의 어머니이다. 1904년 파리에서 이공과 대학 출신 해군 장교 장바티스트와 결혼한다. 장바티스트는 사르트르가 태어난 지 15달이 되었을 때 황열병에 걸려 죽는다. 온화하고, 차분하며, 다소 지나칠 만큼 겸손한 안마리는 이해심 많고 헌신적인 어머니였다. 아들의 재능을 재빨리 알아차린 이 어머니에게 아들은 이후로도 계속 감탄을 안겨 준다. 1917년 해군 장성 조제프 망시와 재혼하는데, 사르트르는 새아버지를 싫어한다. 사람들은 그녀의 담백하고 순진한 웃음에서 종종 자신감의 결여를 엿보지만, 피아노를 연주할 때 얼굴에 떠오르는 미소는 그녀를 빛나게 했다.

폴 니장
(투르, 1905-1940)

사르트르가 고등중학교 시절에 만나 처음으로 깊은 우정을 나눈 친구. 독특한 화법과 우아한 태도, "방심한 척하는 짓궂음", 타고난 임기응변과 재치 덕분에 그는 어떤 정체된 대상이 있으면 매번 뛰어들어 흔들어 놓고야 마는 독보적인 당디가 된다. 각자 브르타뉴어 별명인 '라'(니장)와 '보루'(사르트르)를 내세워 '초인'을 자처하기도 한 사르트르와 니장은 파리를 무대로 오랜 세월 일종의 동맹 관계와 같은 우정을 쌓는다. 니장은 1931년 기행수필 『아덴 아라비아』를 출간하고, 이어서 철학 교사가 된다. 공산당에 가입하지만 몇 년 뒤 탈퇴해 공산주의자들에게 숨 막히는 비난을 받는다.[1] 리레트와 사이에 자녀가 둘 있다. 2차 세계대전에 참전했다가 1940년 됭케르크 전선에서 전사한다.

1 주로 변절자라는 비난인데, 후일 사르트르는 니장의 명예회복을 위해 공산주의자들과 여러 번 설전을 벌인다.

르네 마외

(생고당, 1905-1975)

사르트르가 마외를 만나는 것은 고등사범학교 시절로, 그때 이미 마외는 시몬 드 보부아르와 가깝게 지내고 있었다. 게다가 보부아르에게 '카스토르'라는 애칭을 붙여 준 사람도 마외다. 보부아르라는 발음이 비버[2]와 비슷하기도 하고, 그녀의 부지런한 성격과 친구들과 어울려 다니는 점이 비버와 닮았다는 것이 이유다. 르네 마외는 사르트르와 니장이라는 유별난 2인조와 어울려 한 시절을 보낸 뒤, 철학 교사가 된다. 교사 부임지로 모로코를 택해 학생들을 가르쳤다. 런던의 프랑스 대사관에 문정관으로 파견되고 이어서 알제리의 프랑스아프리카 관리국 국장이 된다. 1946년 유네스코에 들어가, 1961년부터 1974년까지 유네스코 사무총장을 지냈다.

모리스 메를로퐁티

(로슈포르쉬르메르, 1908-1961)

사르트르와 보부아르가 '르 퐁토메를'이라는 애칭으로 부른 그는 사르트르와 같은 시기에 고등사범학교를 다녔다. 두 사람은 2차 세계대전이 터지고 나서야 가까워지는데, '사회주의와 자유'라는 레지스탕스 단체를 함께 조직한 것이 계기가 되었다. 또한 현상들에 대한 연구를 통해 사물의 본질을 찾으려는 철학인 현상학 역시 두 사람의 연결고리가 되어 주었다. 메를로퐁티는 사르트르와 함께『현대』지 창간에 참여하지만, 잡지 공동 경영자의 자리는 거절하고 편집위원으로만 활동한다. 1952년에 콜레주 드 프랑스의 철학 교수가 된다. 사르트르와 불화해『현대』지를 떠나는 것도 같은 해의 일이다. 두 사람의 사상 차이가 기사 하나를 놓고 충돌을 불러일으킨 것이다. 데카르트의『굴절광학』을 몰입해서 읽던 중 심장마비로 갑자기 사망한다.

엘렌 드 보부아르

(파리, 1910-2001)

시몬의 여동생. '푸페트'[3]라는 애칭으로 불린다. 이 자매는 어린 시절부터 일종의 공모 관계라고 할 만큼 친밀한 사이였지만, 각자 자기표현 방식으로 선택한 분야는 다르다. 엘렌은 조각과 회화를 선택했다. 엘렌은 겨우 25세 때 첫 개인전을 열어 피카소에게 호평을 받는다. 언니의 도움으로 아틀리에를 마련하고, 사르트르의 소개로 장차 연인이 될 리오넬 드 룰레[4]를 만난다. 그에게서 그녀가 옛 연인 장 지로두[5]에게 얻은 마음의 상처를 치유받는다. 엘렌은 외교관 남편을 따라 유럽뿐 아니라 세계 각지로 옮겨 다니면서도 끝까지 화가의 일을 손에서 놓지 않았고, 또한 계속해서 사르트르를 중심으로 한 소그룹의 일원으로 남는다.

2 카스토르는 영어 비버에 해당하는 프랑스어.

3 두건을 쓴 인형.

4 사르트르의 제자. 드골파이고, 외교관으로 활약한다.

5 극작가이자 소설가.

페르난도 제라시
(이스탄불, 1899-1974)

화가. 처음에는 독일에서 하이데거 철학과 후설의 현상학을 공부하고, 이어 파리로 와서 1, 2차 세계대전 사이 그 분방하던 시기에 몽파르나스의 카페 르 돔과 라 로통드를 드나들다가 시몬 드 보부아르를 만난다. 그와 보부아르는 서로 닮은 감수성과 신뢰를 바탕으로 우정을 나눈다. 에스파냐내전이 일어나자 피카소가 그러했듯이, 그는 인민전선을 지원하기 위해 참전한다. 그리고 2차 세계대전이 터지자 아내 스테파와 함께 유럽을 떠나 미국으로 이주한다. 사르트르와 보부아르는 제라시 부부와 그들의 아들 티토와 관계를 끝까지 지속하여, 뉴욕에 체류할 때마다 이들을 찾아가곤 했다.

자크로랑 보스트
(르 아브르, 1916-1990)

소설가, 시나리오 작가이자 신문기자로, '르 프티 보스트'라는 애칭으로 불린다. 사르트르가 르 아브르 리세에서 가르칠 때 제자로서 그의 강의에 빠져든다. 개신교 목사의 아들인 그는 사르트르의 철학 수업에서 자신의 지적 호기심을 채울 출구를 발견한 듯하다. 2차 세계대전 때, 프랑스가 독일 점령에서 벗어나자 카뮈의 지시에 따라 『콩바』지의 종군 통신원으로 독일에 파견되어 가고, 이어서 1946년 『최악의 직업』을 출간하면서 특파원이 되었다. 그는 젊은 나이에 사르트르 커플과 인연을 맺고, 줄곧 가까이에 머물며 두 사람의 든든한 지지자가 된다. 또한 사르트르 커플을 중심으로 한 그룹에서 카스토르뿐만 아니라 여러 사람과 연애 관계를 맺는데, 그가 카스토르와 주고받은 편지들은 나중에 출간되었다.

비앙카 비에넨펠트
(루블린, 1921-2011)

'라 프티트 폴락(폴란드 아가씨)'이라는 애칭, 또는 '루이즈 베드린'이라는 이름으로도 불린 비앙카 비에넨펠트는 1937년 카스토르가 몰리에르 리세에서 가르칠 때 학생이었다. 그녀는 카스토르의 연인이 되고, 이어서 사르트르와도 연인이 되었으며, 이 두 사람의 결속을 유지시킨다. 두 사람 모두의 연인이면서도 비앙카는 철학 공부 도중에 남편이 될 베르나르 랑블랭을 만난다. 1994년 그녀는 사르트르 커플과의 깊은 우정을 세간에 드러내며 『얌전하지 못한 처녀의 회상』을 펴냈다. 이 책은 앞서 1958년 보부아르가 펴낸 『얌전한 처녀의 회상』에 대한 화답의 성격을 띠지만, 사실은 데어드르 베어가 집필한 시몬 드 보부아르의 전기가 나온 것에 자극받아 그 얼마 뒤에 낸 것이다.(데어드르 베어가 보부아르의 전기를 통해 그때까지 미지의 인물로 묻혀 있던 루이즈 베드린이 비앙카 비에넨펠트와 동일인임을 폭로했던 것이다.)

보리스 비앙

(빌다브레, 1920-1959)

작가이자 시인, 작사가, 재즈트럼펫 연주자. 숨바꼭질하듯 여러 가명 뒤에 자신을 감춘 채 언어유희를 포함한 정신적 모험을 즐긴다. 진정한 부조리 시인으로서 그는 '르 타부'에서 '카보 데 로리앙테'에 이르기까지 파리의 모든 재즈클럽을 섭렵하며 재즈광들과 어울린다. 그와 아내 미셸은 '장솔 파르트르'[6]와 시몬 드 보부아르의 변함없는 친구이다. 스스로 표명하듯이 언어유희를 즐기는 취향과 인간 희극에 대한 흥미는 그가 창조력과 신랄한 유머감각을 발휘하는 데 거름이 되며, 또한 재즈와 재즈파티에 대한 확고한 애정의 바탕이 된다. 그렇지만 이 모든 성취 뒤편에는 그 자신의 우울한 기질이 파괴성을 띤 채 숨어 있다. 그런 기질은 가까운 친구들만이 순화시켜 줄 수 있었다.

미셸 비앙

(1920)

미셸 레글리즈. 문인이며 번역가, 생제르맹데프레의 가장 빛나는 에게리아[7]. 미셸을 만나면 누구나 그 소녀 같은 분위기와 발랄한 재기, 대상을 향한 진지함과 삶에 대한 끝없는 기쁨에 이끌려, 그녀가 자신의 친밀한 친구이거나 혹은 파티에 함께 온 파트너라는 느낌을 얻곤 했다. 재즈 애호가인 미셸은 첫 결혼 상대인 보리스 비앙과 1941에서 1952년까지 결혼생활을 하던 중, 1949부터 사르트르와 연인 관계가 된다. 그녀는 『현대』지의 제작에 참여해, 문서를 번역하고, 기사를 타자기로 정리하는 일을 했다. 사르트르와 미셸은 자주 함께 여행을 떠나기도 하면서 죽을 때까지 가까운 관계를 이어 갔다.

앙드레 말로

(파리, 1901-1976)

프랑스의 작가이자 정치인. 청년 시절, 반식민주의를 표방하는 한 신문사의 기자였고, 이어서 인도차이나로 떠난다. 그곳에서 그는 고미술 작품 불법 거래에 개입한 것이 빌미가 되어 얼마간 고초를 겪었다. 중국 혁명운동에 참여한 경험에서 영감을 얻어 1933년에 『인간의 조건』을 발표해 공쿠르 상을 받는다. 레지스탕스 활동에 적극 가담하고 해방 투쟁에도 참여한다. 독일 점령 기간에 그는 레지스탕스 활동을 연결고리로 사르트르를 만나게 되는데, 각자 주관이 뚜렷한 두 사람은 전략 선택 문제에서 의견 일치를 이루지 못한다. 전쟁이 끝나고 말로는 드골과 가까워져 1959년 문화부 장관이 되었다. 그런 위치다 보니 자연스럽게 사르트르와 보부아르와는 거리를 두게 되었다.

6 보리스 비앙의 소설 『세월의 거품』의 등장인물. 장폴 사르트르를 연상하게 하는 이 이름에서 '파르트르'는 '아버지'를 뜻하는 라틴어 'pater'와, '솔'은 '유일한'을 뜻하는 프랑스어 'seul'과 연계되어 '유일한 아버지'라는 의미를 띤다. 하지만 이것은 또한 가부장적 위계질서의 가치이자 시대착오적 권위라는 점에서 사르트르를 겨냥하는 풍자이기도 하다.
7 로마 신화에서 신성한 숲 속에 사는 물의 요정. 학문과 예술의 여신.

올가 코사키에비츠
(키예프, 1915-1983)와

완다 코사키에비츠
(키예프, 1917-1989)

'코스' 자매

올가는 일명 '자줄리크' 또는 '야로슬로프'
라고도 불리며, '올가 도미니크'라는 이름
으로 연극배우로 활동한다. 그녀의 매력과
아름다움은 사르트르와 보부아르가 소설
속 등장인물을 창조하는 데 영감을 주었다.
올가는 두 사람 모두와 연인이 되는데,
이 때문에 그들의 관계가 소용돌이에 휘말
린 것도 사실이다. 그녀
는 르 프티 보스트와
결혼한다.

완다는 '타니아'로 불리거나, 연극계에서는
'마리 올리비에'라는 이름으로 알려졌다.
그녀도 사르트르에게는 열정적이고 지적
이며 관능적인 연인이다. 사르트르는 그녀
에게 청혼까지 하게 된다. 사르트르의 대
부분의 연극 작품에서 배역을 맡았다.

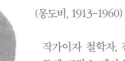

알베르 카뮈
(몽도비, 1913-1960)

작가이자 철학자, 전투적 활동가다. 자기가 편집하고 발간한 『콩바』지를
통해 프랑스 레지스탕스 운동에 적극 참여한다. 위대한 휴머니스트이자
반항인으로서, 유행하는 특정 철학이나 사상과는 거리를 둔 채 온갖 형태
의 전체주의와 맞서 싸운다. 사르트르와는 오랫동안 활발하고 돈독한 우
정을 나누지만, 안타깝게도 사이가 틀어진다. 그는 1957년에 노벨문학상
을 받는다. 자신이 옳다고 믿는 것을 향해 흔들림 없이 매진하는, 공정하
고 올곧은 인간의 전형이다. 그런 그의 모습에서 사람들은 어떤 특별한 아
우라를 느끼는데, 그것은 간혹 지나치게 강렬해서 어떤 사람들에게는 거부
감을 일으키기도 한다. 미셸 갈리마르와 함께 자동차를 타고 가다가 사고를
당해 비극적으로 생을 마감한다.

돌로레스 바네티
(1912-2008)

여배우이자 기자. 몽파르나스의 극장 무대에 선 뒤 뉴욕으로 가 미국 전시정보
국 'OWI'의 프랑스어 라디오방송을 맡는다. 사르트르가 미국을 방문했을 때, 그
에게 미국 문화를 알려 준, 사르트르의 표현에 따르면 아메리카를 '준' 사람이
다. 그녀는 뉴욕에 익숙하게 동화되면서도, 한편으로는 프랑스식 억양을 고집
스럽게 간직한다. 사르트르는 라디오방송국 스튜디오에서 그
녀를 처음 만나는 순간 그녀에게 매혹당한다. 카스토르
에게 그것은 일종의 위협이다. 사실 돌로레스가 수시로
파리에 와서 머물고, 그러면서 카스토르에게 "두려움
을 안겨 줄 정도로" 사르트르를 사랑한 만큼, 사르트
르와 카스토르의 관계는 실제로 위협받기도 했다.

넬슨 앨그렌
(디트로이트, 1909-1981)

　　　　미국 작가. 한때 햄버거 가게에서 일하기도 하며 젊은 시절에 다양한 일을
한다. 권투를 하며 뒷골목 바를 단골로 드나드는데, 그의 이런 면이 카스토
르를 유혹한다. 그는 시카고에 자리 잡고 한 출판사와 작품 출간 계약을 맺는
다. 세밀한 관찰자의 눈으로 주변 세계를 바라본 그는 미국 사회에 대한 비판의식
을 작품 속에 담아 냈다. 또한 일찍부터 사회학에 관심을 보이는데, 이런 지적 분야
에 대한 그의 관심을 채워 준 사람이 바로 1947년에 만난 카스토르이다. 각각 미국
인과 프랑스인인 두 사람은 15년이나 연인으로 지냈으며, 그동안 그들은 빈번하게
대서양을 건너다니며 서로를 찾곤 했다. 시몬은 넬슨이 준 반지를 한시도 손가락
에서 빼지 않았을 정도다.

장 주네
(파리, 1910-1986)

시인이자 소설가, 극작가. 지방의 한 위탁가정에 맡겨져[8] 안정된 어린 시절을 보
내지만 10세에 절도죄를 저지른다. 바로 이 행위에서 사르트르는 실존적 존재 양
상을 확인한다. 이 행위는 주네가 지닌 일련의 원초적 상처, 자신을 낳은 어머니로
부터 버림받은 상황에서 그가 행하는 하나의 선택이자 또한 그 상처와의 단절이라
는 것이다. 주네는 1942년 『사형수』라는 제목으로 첫 시집을 내고, 사르트르 카스
토르 커플과 친해진다. 주네는 『도둑 일기』를 써서 이 두 사람에게 헌정하기도 한
다. 사르트르는 나중에 주네에 대한 실존적 정신분석서 『성 주네, 배우와 순교자』
를 쓰는데, 이 작품은 주네 자신에게 폭탄 같은 충격을 안겨 준다.

8 파리의 창부인 어머니는 사생아로 태어난 주네의 양육을 포기했다.

장 코
(브람, 1925-1993)

작가. 2차 세계대전 중에 『콩바』지의 기자로 활동했다. 그 당시 재즈클럽에 드나들며 재즈광들과 어울린다. 철학 공부를 한 뒤, 1946년 장폴 사르트르에게 편지를 보내 자신을 비서로 채용해 달라고 청한다. 사르트르는 장 코의 남프랑스 사투리를 포함해 여러 면에서 호감을 느끼고 그를 받아들인다. 1957년까지 두 사람은 가까이 지냈다. 그는 보나파르트 거리 42번지에 있는 사르트르의 아파트에 살며 작은방 하나를 사무실로 쓰면서 강연회 개최, 저술의 출간, 갈리마르 출판사와의 협의, 우편물 정리 등 비서로서 갖가지 업무를 처리한다. 『현대』지에 몇 편의 글을 실은 다음부터 한층 필력이 붙어, 소설과 시집을 아울러 60권 이상의 작품을 썼다.

프랑시스 장송
(보르도, 1922-2009)

철학자이자 저널리스트. 2차 세계대전 당시 레지스탕스 운동에 가담하면서 카뮈의 소개로 사르트르와 만나게 되고, 1951년에는 사르트르의 요청으로 『현대』지 경영을 맡는다. 운명의 역설 같지만, 사르트르와 카뮈 사이의 불화는 프랑시스 장송으로 말미암은 것이었다. 장송이 잡지 경영을 맡고 나서 얼마 뒤 카뮈의 수필집 『반항인』에 대한 평론을 발표한 것이 사건의 시초로, 사실 이 책에 대해서는 『현대』지 편집진 내부에서도 반론이 있었다. 장송은 무엇보다도 반식민주의 운동으로, 또한 그의 이름을 따서 결성된 비밀조직이 알제리전쟁 기간에 알제리 민족해방전선(FLN) 요원들을 지원한 사건으로 세간에 알려진다. 이 일이 빌미가 되어 그는 중형을 선고받았다가 6년 뒤 사면된다.

장 베르트랑 퐁탈리스
(파리, 1924-2013)

철학자이자 작가, 정신분석학자. 학생으로 사르트르의 강의를 들은 것이 계기가 되어, 그 후로 돈독한 관계를 이어 간다. 퐁탈리스는 철학 교수자격시험을 통과한 뒤 유명한 정신분석가 자크 라캉 밑에서 공부했다. 이어서 최초의 정신분석 사전 편찬 작업에 참여하고, 그 뒤 라캉파와 거리를 두면서 프랑스 정신분석협회를 창설한다. 그는 『현대』지에 기고하면서 또한 『신 정신분석학 평론』지에도 글을 발표한다. 두 분야에서 동시에 활동한 것이다. 정신분석학에 대한 열정을 사르트르와 함께 나눌 수는 없어도[9], 문학에 대한 열정이 두 사람에게 공감대를 만들어 주었다.

9 사르트르는 정신분석학에 비판적이었다.

사르트르, 인본주의적 자유를 선언하다!

— 박정태 철학 박사

데카르트와 후설, 그리고 사르트르

사르트르는 제대로 된 작가라면 무엇보다도 먼저 문학의 토대가 되는 철학부터, 다시 말해 인간과 세계에 대한 이해부터 분명히 세워야 한다고 생각했다. 참으로 조숙하고 명민했던 사르트르는 이미 어렸을 때부터 데카르트를 계승한 철학, 하지만 인간과 세계를 이해하고 설명하기 위한 그 이전의 철학과는 분명히 다른, 20세기에 어울리는 단순하면서도 현실적인 철학을 원했다. 물론 우리가 알고 있는 것처럼 이 바람은 그의 대표적인 철학책 『존재와 무』(1943)로 성취된다. 『존재와 무』에는 사르트르의 인간과 세계에 대한 이해, 특히 인간은 어떤 존재인지, 어떻게 살아야 참되게 사는 것인지 분명하고 강렬하게 명시되어 있다.

철학사가들은 사르트르의 이 인간 존재론과 실천론을 특별히 '실존주의'라고 한다. 당연한 말이지만 사르트르를 포함해서 이 세상 그 어떤 철학자도 진공 속에서 아무런 준거점 없이 사유할 수는 없다. 사르트르가 힘주어 말하는 것처럼 "인간은 언제나 구체적인 상황 속에 놓여 있는 존재"이기 때문이다. 사르트르의 실존주의 역시 예외가 아니어서 자기 고유의 구체적인 두 준거점을 갖는다. 그 가운데 하나는 데카르트의 이분법적 세계관이고 다른 하나는 후설의 현상학이다.

데카르트는 이 세계의 실체(참으로 있는 것)를 정신과 물질이라고 보았다. 인간을 포함하여 이 세계의 모든 것은 다 예외 없이 물질로 이루어진 동체(動體)다. 즉 이 세계는 일관되고 안정된 법칙(자연법칙)을 따라서 움직이는 물질-기계다. 하지만 유일하게 정신을 장착한 물질-기계가 있으니, 그가 곧 인간이다. 이렇게 하여 물질-기계들의 총합인 자연을 한쪽에 세우고, 유일하게 정신을 가졌다는 점에서 결국 정신으로 정의되는 인간을 다른 쪽에 세우는 데카르트식 근대의 이분법적 세계관이 등장한다.

이에 따르면, 정신이 오로지 인간에게만 주

『존재와 무』 프랑스어판 표지

어진 능력이라는 점에서 정신은 궁극적으로 인간을 유일하게 사유 행위를 하는 주체로 세운다. 또는 정신의 사유 행위만을 의미 있는 행위로 인정해 강조해서 말하면 오로지 인간만이 살아 있는 유일한 존재가 된다. 자연의 다른 생명체는, 이렇게 말할 수 있다면, 단지 목숨으로서의 생명만을 가진 존재, 쉽게 말해서 호흡하는 물질-기계에 불과하지만, 인간은 목숨으로서의 생명뿐 아니라 사유하는 정신으로서의 생명까지 가진 존재다. 이뿐만이 아니다. 정신은 "자신을 대상 삼아 사유"하는 반성(反省) 능력도 가지고 있어서 인간은 이 반성 능력을 통해 유일하게 자아를 형성하는 존재가 된다. 요컨대, 인간은 목숨으로서의 생명을 가진 존재이기에 당연히 목숨과 관련된 욕구를 가지며 그것을 충족하려고 애쓴다. 하지만 인간은 정신으로서의 생명을 가진 존재이기도 하기에 정신적 욕구 또한 가지며 그것을 충족하기 위해 애쓴다. 그리고 인간은 정신의 반성 능력을 통해 구축된 자아를 중심으로 이 같은 욕구를 채우기 위하여 자신을 포함한 이 세계를 사유하고 판단하며 재단한다.

　사르트르의 세계와 인간에 대한 이해는 일차적으로 이러한 데카르트의 이분법적 세계관에 근거한다. 데카르트가 그랬던 것처럼 사르트르 또한 물질을 속성으로 하는 사물을 한쪽에 세우고, 사유를 속성으로 하는 의식(데카르트식으로 말하면 정신)인 인간을 다른 쪽에 세운다. 이때 사르트르는 사물을 '즉자(卽自)'라고 한다. 왜냐하면 사물은 자기 이외의 것과 그 어떤 관계 맺음도 없이 오로지 자기 자신에게만 매몰되어서 그 자체가 독립적으로 존재하기 때문이다. 실제로 저기 놓여 있는 책상이나 의자 같은 부동의 사물은 자기 이외의 것과 상관없이 언제나 그 모습 그대로의 성질을 간직한 채 고립된 상태로 존재할 뿐이며, 생명체 같은 움직이는 사물 또한 자기 이외의 것과 상관없이 언제나 자신의 본능이라 할 수 있는 자연법칙만을 충실히 따르며 존재할 뿐이다. 예를 들어 책상과 의자의 짝짓기에서 보는 것처럼 한 사물이 다른 사물과 관계를 맺는다면, 그것은 결코 사물이 아닌 오로지 인간의 관점에서 볼 때만 그런 것이다.

　반면에 인간, 즉 의식을 사르트르는 '대자(對自)'라고 한다.

르네 데카르트(1596-1650). 최초로 '자율적이고 합리적인 주체'의 근본 원리를 세웠다.

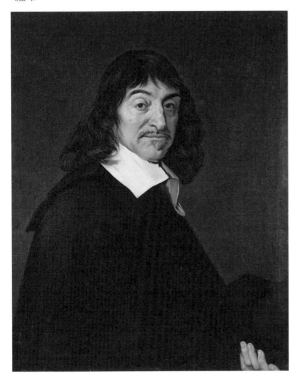

왜냐하면 사물과 반대로 의식은 사유를 통해 언제나 자기 이외의 것과 관계를 맺을 뿐 아니라, 더 나아가 자기 이외의 것의 자리에 의식 자신을 올려놓음으로써 결국 "자신을 대상 삼아 사유"하는 대자(對自, 데카르트식으로 말하면 반성)의 순간을 들여오기 때문이다. 인간이 자아(나, 주체)를 형성하는 것, 또 인간이 인간 자신을 문제 삼고, 인간 자신의 불안을 발견하며, 인간 자신의 불안에서 벗어나려고 시도하는 것은 모두 다 의식의 이 대자 능력 때문이다.

　한편 후설이 창시한 현상학은 현상의 본질을 탐구한다는 목적 아래 의식의 구조를 분석하는 연구를 한다. 후설에 따르면, 현상이란 우리가 무언가를 경험할 때 우리의 의식에 떠오르는 그 모습 그대로의 참된 사실을 가리킨다. 따라서 후설에게서 현상의 본질을 탐구하는 일은 우리가 무언가에 대한 참된 앎에 접근하는 데 핵심적인 작업이 된다. 실제로 그 이전의 많은 철학이 주로 개념을 통해 진리에 접근하고자 했다면, 현상학은 현상을 통해 진리에 접근하려 하는 실험적인 방법을 제안한다.

　그렇다면 현상학자의 관점에서 볼 때 의식의 구조를 분석해서 현상이 어떻게 형성되는지를 밝히는 것은 연구의 출발점이 되는 가장 중요한 일이 된다. 왜냐하면 현상이 형성되는 장(場)인 의식이야말로 당연히 모든 진리가 진리로 판단될 수 있는 근거가 될 것이기 때문이다. 후설이 의식의 최초의 순간까지 거슬러 올라가는 연구를 집요하게 한 이유, 그리하여 "의식은 언제나 무엇에 대한 의식이다."라는, 현상학의 제1원칙이라 할 수 있는 "의식의 지향성"을 내놓은 이유가 이것이다. 『존재와 무』의 부제를 "현상학적 존재론의 시도"라고 할 정도로 현상학의 근본 동기에 크게 동감했던 사르트르는 당연히 이 의식의 지향성을 실존주의의 출발점으로 받아들인다. 데카르트의 이분법적 세계관에 근거한 사르트르는 인간을 몸이 아니라 의식으로 규정한다. 그리고 이제 후설의 현상학에 근거한 사르트르는 인간을 다음과 같이 좀 더 구체적으로 규정하기에 이른다. "인간은 언제나 무엇에 대한 의식"이다.

　이렇게 해서 사르트르에게는 인간과 사물 또는 의식과 물질 또는 대자와 즉자의 전선(戰線)이 분명해진다. 인간은 의식인 한에서 언제나 무엇에 대하여 있는, 그리하여 의식 밖의 무엇과 계속해서 관계를 맺는 지향 운동으로 있는 반면,

사물은 물질인 한에서 자기 이외의 것과 그 어떤 관계도 맺지 않은 채로 고립되어 있다. 인간은 관계를 맺는 의식 밖의 무엇이 변함에 따라서 언제나 자기 자신과 불일치 상태로 있는 반면, 사물은 지금의 모습 그대로 언제나 자기 자신과 동일한 상태로 있다. 인간은 그의 의식이 과거, 현재, 미래를 지향한다는 점에서 이 세상에 시간을 들여오는 반면, 사물은 그의 의식 없음으로 인해 과거, 현재, 미래를 지향할 수 없다는 점에서 그 자체가 시간을 모르거나 시간을 벗어나 있다.

요컨대, 인간은 시간 속에서 끊임없이 다른 것을 향해 이동하며 그에 따라 스스로 변할 수밖에 없는 가변적 존재로서 피곤함 그 자체인 반면, 사물은 시간을 벗어나 다른 것과 무관하게 고립된 상태로 있는 불변적 존재로서 평온함 그 자체다. 이뿐만이 아니다. 인간은 의식인 한에서 그 어떤 내용도 없는 텅 빈 공백인 반면, 사물은 물질인 한에서 그 내용이 꽉 들어찬 충만함이다. 따라서 인간은 그 자체가 결핍인 반면, 사물은 결코 결핍을 모른다.

인간은 자유롭도록 선고받았다

이처럼 인간은 끊임없이 지향 운동을 하는 존재이지 다른 무엇이 아니다. 그렇다면 존재론의 차원을 벗어나 일상의 삶 속으로 내려와 물음을 던져 보자. 일상의 삶 속에서 인간이 지향 운동을 한다는 것은 구체적으로 무엇을 말하는 걸까? 그것은 개별 상황 속에 놓인 인간이 사물(이 의자를 살까, 저 의자를 살까), 타인(피에르를 만날까, 폴을 만날까), 자신(결혼을 할까, 독신으로 살까)에 대해서 선택하되 자기가 보기에 더 가치 있는 것을 선택하는 일을 말한다. 나는 저 의자보다 이 의자에 앉는 것이 더 편할 것 같아서, 폴보다 피에르를 만나는 것이 더 즐거울 것 같아서, 독신인 나보다 결혼한 내가 더 행복할 것 같아서 이 의자를, 피에르를, 결혼한 나를 선택한다. 일상의 삶 속에서 인간이 하는 지향 운동이란 이처럼 개별 상황 속에서 인간이 하는 선택 행위, 더 구체적으로 말해 개별 상황 속에서 인간이 사물, 타인, 자신에 대해서 가치를 부여하는 행위를 말한다.

이뿐만이 아니다. 인간은 자신이 놓여 있는 상황에 대해서도 가치를 부여한다. 예를 들어 인간은 상황을 자신의 선택과 관련해서 어떤 때는 극복해야 할 대상으로 보기도 하고, 어떤 때는 이용할 수 있는 수단으로 보기도 한다. 결국 가치가 객관적으로 결정된 상황, 그리하여 상황 속의 인간을 미리 결정된 한 선택으로 내모는 상황이란 존재하지 않는다. 왜냐하면 인간이 오로지 상황 속에서만 존재하는 것과 마찬가지로, 상황 역시 오로지 인간의 가치 부여를 통해서만 이런저런 상황으로 존재하기 때문이다.

에드문트 후설(1859-1938). 현상학의 창시자.

서양철학사 내내 자유는 언제나 이해하기 쉽지 않은 개념이었다. 그러나 사르트르에게 자유는 결코 어려운 현학적 개념이 아니다. 그에게 자유란 개별 상황 속에 놓인 인간이 사물, 타인, 자신, 상황 등에 대해서 가치를 부여하는 선택 행위, 바로 이것을 말한다. 그에 따르면, 그 자체가 의식인 인간은 언제나 지향 운동을 하는 존재, 상황 속에서 끊임없는 선택을 통해 가치를 부여하는 존재, 즉 자유로운 존재다. 인간은 그가 의식으로 규정되는 한 이처럼 자유 그 자체인 존재가 되는 것이다. 게다가 인간에게는 자유롭지 않을 자유가 없다. 설령 그가 "나는 자유가 싫어." 하며 구속의 길을 걷는다고 할지라도 이것 또한 (물론 자유를 스스로 제한하는 선택이라는 점에서 사르트르가 보기에 비판받아 마땅한 선택이지만) 그의 자유로운 선택이기 때문이다. "인간은 자유롭도록 선고받았다." 또는 "인간이 존재한다는 것과 인간이 자유롭다는 것은 같은 말이다."는 사르트르의 유명한 주장은 바로 이런 의미에서다.

이런 실존주의적 자유는 인간에 대해서 낙관적인 비전과 비관적인 비전을 동시에 제시한다. 먼저 자유는 낙관적인 비전을 제시한다. 그 자체가 자유인 인간은 개별 상황 속에서 자신에 대해서 가치를 부여하는 선택을 한다. 예를 들어 소피를 사랑하는 나는 그녀와 결혼한 모습을 상상하며 빨리

1945년, 플로르 카페에서 사르트르와 보부아르.

그렇게 되고 싶다는 생각을 한다. 이때 나는 독신으로 힘들게 살았던 과거의 나, 그러나 결혼을 하기에는 아직 부족한 현재의 나, 소피와 행복하게 살게 될 미래의 나를 차례로 지향하면서 이 미래의 나를 이루기 위해 현재의 나에게 부족한 것을 채우려고 노력할 것이다. 하지만 이 경우 나는 과거의 나, 현재의 나, 미래의 나를 지향하면서 이 가운데 그 어느 나에게도 닻을 내려 정착할 수 없다. 이 나들은 나의 의식의 무대 위에 잠시 올라섰다가 다시 사라지고 마는 대상일 뿐 결코 내가 그곳에 완전히 안주할 정착의 대상이 아니다. 왜냐하면 나는 의식인 한에서 매순간 또 다른 나들을 지향하는 끊임없는 지향 운동일 뿐이기 때문이다. 실제로 나는 소피와 결혼한 후에는 그 상태에 만족하지 않고, 예를 들어 더 큰 집을 소유하거나 아이들을 갖고 싶다는 또 다른 나를 지향해 갈 것이다. 이런 의미에서 인간은 언제나 가능성의 존재요, 활짝 개방된 미래의 존재다. 인간의 자유를 이야기할 때 인간의 미래에 대한 제한없는 낙관적인 비전이 이렇게 해서 등장하게 된다.

하지만 자유는 또한 비관적인 비전을 제시하기도 한다. 방금 보았듯이 그 자체가 자유인 인간은 매순간 또 다른 나들을 지향하면서 끊임없이 자신에 대해서 가치를 부여하는 선택을 한다. 일상의 삶 속에서 인간이 현재의 자기를 넘어서 미래의 또 다른 자기를 향해 스스로를 던지는 이 선택 행위를 사르트르는 특별히 '기투(企投)'라고 이른다. 즉 선택 행위로서의 자유가 갖는 또 다른 이름이 기투인 것이다. 모든 기투는 불완전한 현재의 결핍을 채움으로써 더 완전한 미래로 나아갈 것을 겨냥한다. 물론 이때 완전함은 절대적인 것

이 아니라 상대적인 것이다. 예를 들어 대부분의 사람들은 노숙자의 삶을 불완전한 것으로 보지만, 간혹 어떤 사람들은 노숙자의 삶을 현재 자신의 삶보다 완전한 삶으로 여기면서 자신의 기투 대상으로 삼기도 하기 때문이다.

어쨌거나 기투는 모든 인간이 불완전함에서 완전함을 향해 나아가는 것이다. 그리고 정확하게 이 지점에서 사르트르는 대부분의 철학자들이 습관적으로 그러는 것처럼 다음과 같이 거시적인 물음을 던진다. "모든 인간이 이처럼 자신의 개별 상황 속에서 이런저런 기투를 통해 불완전함에서 완전함을 향해 나아간다면, 인간이 정말로 되기 원하는 궁극적으로 완전한 인간 자신의 모습은 무엇일까?"

사르트르에 따르면, 그것은 우선 사물과도 같은 모습이다. 왜냐하면 인간은 의식인 한에서 텅 빈 공백이요 끝없는 기투라는 점에서, 따라서 그 자체가 결핍이요 잠시도 쉴 수 없는 피곤함이라는 점에서 본래적으로 사물의 충만함과 평온함을 동경하기 때문이다. 하지만 그렇다고 해서 인간이 문자 그대로 사물이 되길 원하는 것은 아니다. 사물의 상태는 결코 살아 있는 상태라고 할 수 없기 때문이다. 따라서 인간이 되고 싶어 하는 궁극적으로 완전한 인간 자신의 모습은 단순한 사물이 아니라 사물이면서도 인간인 존재, 즉 '즉자-대자'다.

하지만 즉자-대자는 논리적으로 모순이다. 왜냐하면 의식인 인간이 의식으로 살아 있기 때문에 생겨나는 결핍과 피곤함을 벗어나는 길은 오로지 의식이 기투를 멈출 때, 다시 말해 의식이 말 그대로 죽을 때만 가능한 것이기 때문이다. 인간은 대자로서의 자신을 잃지 않은 채 결코 즉자에 도달할 수 없으며, 사물 역시 그것이 즉자인 이상 결코 대자가 될 수 없다. 인간의 즉자-대자 추구는 이처럼 실패로 끝날 수밖에 없다. 하지만 그럼에도 불구하고 인간은 결코 도달할 수 없는 이 즉자-대자를 향해 나아가길 멈추지 않는다. 사르트르가 인간을 가리켜 탄식을 하면서 "쓸모없는 노력", "헛된 열정", "거대한 실패"라고 이르는 이유가 이것이다.

그런데 안타깝게도 자유 그 자체인 인간의 고통은 즉자-대자의 헛된 추구라는 이 비관적인 비전만으로 끝나지 않는다. 왜냐하면 선택 행위로서의 자유는 다음과 같은 이유로 반드시 불안을 일으키기 때문이다. 첫째, 인간은 주어진 그 어떤 기준도 없이 홀로 선택할 수밖에 없기 때문에 불안

을 피할 수 없다. 둘째, 인간은 자기 홀로 행한 선택을 통해 세상에 대해 책임을 져야 하기 때문에 불안을 피할 수 없다. 셋째, 인간은 보다 완전한 미래를 위해 현재의 이런저런 선택을 해 보지만 이 선택이 결코 미래를 확실하게 보장해 주지 못하기 때문에 불안을 피할 수 없다. 넷째, 현재의 선택이 미래를 보장해 주지 못함에도 불구하고 이미 미래의 존재인 인간은 언제나 미래를 걱정하며 또다시 선택할 수밖에 없기 때문에 불안을 피할 수 없다.

인간에 대한 존재론적 고찰은 이처럼 불안이 필연적으로 발생할 수밖에 없음을 보여 준다. 그렇지만 인간은 그가 자유인 한에서 필연적으로 맞닥뜨릴 수밖에 없는 불안, 피할 수 없는 이 불안을 어떻게 해서든 회피하려고 시도한다. 예를 들어 사르트르는 필연적인 법칙, 불변의 의미 등을 내세우며 "이것은 원래가 꼭 그래야만 한다."라고 주장함으로써 선택을 피하며 불안을 숨기려는 자들을 '비겁한 자들'이라고 하고, 선천적인 권리, 의무 등을 내세우며 "나는 이런 권리를 누리고 저런 의무를 떠맡도록 예정되어 있다."라고 주장함으로써 선택을 피하며 불안을 숨기려는 자들을 '더러운 자들'이라고 칭한다. 그들은 자유로운 선택과 그에 따른 불안을 숨기고 그로부터 도망치려는 자유롭지 못한 영혼을 가진 자들, 육중한 법칙, 의미, 권리, 의무 등을 그 속에 꾸역꾸역 채워 넣은 신중한 정신을 가진 자들이다.

신중한 정신을 가진 자들은 텅 빈 공백일 뿐인 의식 속에 법칙, 의미, 권리, 의무 등의 내용을 가득 우겨넣고 딱딱하게 굳힘으로써 인간인 자신을 마치 사물인 것처럼 즉자화한다. 바로 이 은밀한 자기 즉자화가 인간의 근본적 존재 방식인 자유를 부정하고 불안으로부터 도망치려는 자들이 취하는 전형적인 방식이요, 사르트르가 그토록 혐오하는 자기기만이다. 자기를 기만하는 인간은 예를 들어 그의 신분과 직업, 사회적 관습과 전통에 근거한 법칙, 의미, 권리, 의무 등에 그의 삶 전체를 저당 잡힘으로써 자유에서, 선택에서, 불안에서 달아난다. 그는 단지 정해진 법칙, 의미, 권리, 의무 등에만 매달림으로써 참 선택을 포기하고, 그리하여 선택이 낳는 불안을 회피한다. 그러나 이 은밀하고 처절한 자기기만의 노력은 끝내 실패할 수밖에 없다. 왜냐하면 불안은 의식이자 자유인 인간이 지금 선택을 하고 있다는 사실, 다시 말해 그가 지금 살아 있다는 사실의 증거와 다른 것이 아니기 때

문이다. 결국 즉자-대자가 불가능했던 것과 마찬가지로 인간은 대자로서의 자신을 잃지 않은 채 결코 불안에서 벗어날 수 없다. 이런 의미에서 자기기만은 인간이 불안에서 벗어나는 방법이 아니라 오히려 불안을 의식하는 방법에 불과하다고 할 수 있을 것이다.

따라서 사르트르가 자기기만의 어리석음을 지적하고 비판하는 것은 지극히 당연한 일이다. 자기기만은 인간의 진실된 모습을 거부하는 어리석음이자, 대자가 자신에게 즉자적 억압의 굴레를 씌우는 어리석음이다. 말하자면 참을 거부하는 인간이 있지도 않은 거짓된 억압을 자신에게 부과하는 어리석음이다.

그렇다면 이토록 비판받아 마땅한 자기기만으로부터 도대체 인간은 어떻게 벗어날 수 있을까? 인간이 자신에게서 불안을 느끼고 그로부터 도망치려는 것은 애초부터 인간이 자신과 대면할 능력이 있는 대자였기에 가능한 일이다. 인간이 자신을 들여다볼 때, 자신이 불안 그 자체라는 사실을 인식할 수밖에 없고, 당연히 인간은 이 두려운 감정에서 벗어나려고 할 것이기 때문이다. 사르트르는 이 불순한 자기 대면의 순간을 '공모(共謀)하는 반성'이라고 한다. 하지만 인간은 이제껏 자기가 불안에서 벗어나기 위해 자신과 공모하는 자기기만적 삶을 살아왔다는 사실, 반면에 진실된 인간이란 자신과의 끊임없는 불일치요 그 자체가 결핍이자 불안이라는 사실을 인식하게 되는 것 또한 인간이 자신과 대면할 능력이 있는 대자이기에 가능한 일이다.

앞에서 보았듯이 인간의 자기기만 시도는 결국 실패로 끝날 수밖에 없다. 그런데 참으로 역설적이게도 바로 이 좌절의 때, 인간은 이전과 다른 태도로 자신을 다시 들여다보게 된다. 즉 그동안 몰랐던 자신의 자기기만적 공모성이 아프게 드러나면서 진실된 인간의 삶이 어떤 것인지 참으로 인식하게 되는 카타르시스의 순간을 체험하게 되는 것이다. 비로소 이때, 오로지 이때, 인간은 자유를 인간 자신인 것으로 받아들이는, 자유와 그로 인한 결핍과 불안을 적극적이고 긍정적으로 떠맡는, 그리하여 자기기만으로부터 벗어나 진실된 인간을 실현하는 실존적 인간이 된다.

사르트르는 이 카타르시스적 자기 대면의 순간을 특별히 '정화(淨化)하는 반성'이라고 이른다. 이렇게 본다면 인간이 하는 시도의 실패는 마냥 슬프기만 한 것이 아니다. 왜냐하

면 바로 이 실패로부터 인간의 자유를 실천하는 참된 의미의 실존이 시작되기 때문이다. 인간의 자기기만적 삶과 그 극복을 이야기하는 이런 일련의 과정을 담은 사례를 우리는 대개 사르트르의 문학작품 속 주인공들에게서 발견할 수 있다. 하지만 문학작품 말고도 그가 보들레르나 주네 등을 대상으로 삼아 심혈을 기울여 작업한 실존주의적 정신분석 또한 이와 같은 사례를 우리에게 제공한다.

사르트르는 과거의 결정된 사건이 현재의 심리 상태와 행위를 설명해 주는 프로이트의 정신분석과 정반대로 앞으로 이루어 가야 할 미래의 근원적인 선택이 현재의 선택들을 설명해 주는 실존주의적 정신분석을 제안한다. 한 인간의 삶을 전체적으로 조망해 보려는 이 시도는, 사르트르가 "실존주의적 정신분석의 방법은 우리로 하여금 신중한 자의 정신을 포기토록 하는 데 있어야 한다."고 힘주어 말하는 것에서 알 수 있듯이, 그 끝이 진실된 인간의 실현을 강조하는 일에 닿아 있다.

실존주의는 휴머니즘(인본주의)이다

사르트르에 따르면 세계, 즉 인간과 사물은 분명히 있다(존재의 실재성). 하지만 그것은 이유 없이 있다(존재의 우연성). 여기에 서 있는 나도, 벤치에 앉아 있는 노인도, 저기에 있는 마로니에 나무도 아무런 이유 없이 그냥 있을 뿐이다. 실존주의적 세계 속에는 이처럼 그 어떤 존재론적 이유도 없다. 마찬가지로 거기에는 선천적이거나 반드시 따라야 할 본질, 의미, 가치, 규칙 또한 없다. 그런데 사르트르가 살았던 서구 유럽에서는, 그곳이 기독교의 영향 아래 있기 때문에, 세계 속 모든 이유의 궁극적 토대가 전통적으로 신으로 이야기된다. 예를 들어 내가 왜 존재하는지, 더 나아가 내가 어떻게 살아야 하는지를 신이 설명해 주는 것이다. 사르트르의 실존주의에서 우리가 마지막으로 만나게 되는 것은 이렇게 해서 우연한 세계와 필연적인 세계의 충돌, 좀 더 정확히 말해서 무신론과 유신론의 충돌이다.

물론 잘 알려져 있다시피 사르트르는 철저한 무신론자다. 따라서 우리는 "실존주의는 휴머니즘이다"라는 강연(1945. 10. 29.)의 제목을 구성하는 휴머니즘이라는 단어를 단순하게 인간의 존엄성만 강조하는 휴머니즘으로 이해하고 멈추어서는 안 된다. 실존주의의 궁극적 기반이 무신론이라는 점에서 우리는 이 단어를 유신론의 대척점에 서 있는 무신론에 근거한 휴머니즘으로, 즉 신본주의의 대척점에 서 있는 인본주의(人本主義)로 읽고 이해해야만 한다. 우리가 이제까지 이야기한 실존주의의 더 깊은 차원, 더 정확한 뉘앙스를 건드리고 음미하게 되는 것은 이와 같이 실존주의를 인본주의로 이해할 때다. 앞에서 거론된 내용을 중심으로 실존주의의 그 깊은 차원, 그 정확한 뉘앙스를 인본주의의 관점에서 정리해 보면 다음과 같다.

첫째, 실존주의는 인본주의적 주체성에 근거한다. 신본주의의 관점에서 인간은 결코 판단과 입법의 주체가 아니다. 아담과 이브가 에덴동산에서 쫓겨난 것은 그들이 선악과를 먹고 난 다음 선과 악을 스스로 판단할 수 있으리라고, 삶의 법칙을 스스로 세울 수 있으리라고 믿어서다. 또한 신본주의의 관점에서 인간은 자신의 힘을 믿는 주체가 아니다. 그토록 율법을 열심히 지킨 바리새인들을 예수가 사탄의 자식들이라고 저주한 것은 그들이 구원을 신의 은혜를 통해 공짜로 받는 것이 아니라 자신들의 힘으로 이뤄야 하는 것으로 생각했기 때문이다. 실제로 기독교에서 말하는 죄는 절도죄나 사기죄 같은 세속적 죄가 아니다. 내가 나의 힘으로 하겠다는 자기 세우기, 즉 자신을 주체로 세우는 것 자체가 바로 죄다. 기독교에서 인간은 그의 존재론적 위상이 먼지와도 같은 흙, 아무리 좋게 봐 줘도 피조물에 불과하다는 점에서 절대로 주체가 될 수 없는 존재이기 때문이다.

반면에 실존주의, 즉 인본주의의 관점에서 인간은 그 자신이 판단하는 자이며 입법자다. 사르트르는 말한다. "인간은 오직 자신만이 자신의 입법자임을 주장한다는 점에서 우리는 휴머니스트입니다."(106쪽)라고. 또한 인본주의의 관점에서 인간은 또한 자기를 스스로 세워 가는 주체, 자기를 세계의 중심으로 만들어 가는 주체다. 왜냐하면 인간은 그의 존재론적 위상이 대자인 한에서 계속해서 자기를 대면하며 자기를 행위의 중심으로, 다시 말해 주체로 세워 갈 수밖에 없는 존재이기 때문이다.

둘째, 실존주의는 인본주의적 낙관주의를 제시한다. 신본주의의 관점에서 인간은 그의 본질과 의미가 신에 의해 규정되어 있는 존재, 따라서 이미 규정되어 있는 자신의 본질

『인민의 대의』를 길거리에서 팔고 있는 사르트르와 보부아르. 사르트르는 곧 경찰에 연행되지만 드골이 사르트르를 '프랑스의 지성'으로 인정했기 때문에 바로 풀려났다. 사르트르는 이렇게 '치외법권'적 존재였다.

과 의미를 충실히 지켜 나갈 때 잘 살게 되는 존재다. 즉 본질이 실존을 앞서는 것이다. 하지만 사르트르는 그의 강연에서 이에 대해 다음과 같이 반박한다. "인간은 우선 실존합니다. 자신과 맞닥뜨리고, 세계 속에 뛰어들어 솟아오르고, 그런 뒤에 스스로를 정의합니다. 실존주의자는 인간이 정의될 수 없는 까닭이, 인간이란 우선 그 무엇도 아니기 때문이라고 생각합니다. 무로서의 인간은… 그 자신이 만든 모습으로 존재할 것입니다. 따라서 인간의 본질이 있는 것이 아니라 인간의 실존이 있습니다. 인간이란 우선 그 자신의 기투입니다."(105쪽)

이처럼 실존이 본질을 앞서는 세계, 이 세계에서 우리는 지극히 긍정적인 인본주의적 낙관주의를 목격하게 된다. 왜냐하면 이처럼 "실존이 본질에 앞선다."(실존주의의 제1원칙)면, 결국 인간의 과거, 현재, 미래 모두가 인간이 만들었고, 만들고 있으며, 만들어 가야 하는 것이 되기 때문이다. 모든 것이 오로지 인간 자신에게 달려 있다는 것, 예를 들어 유토피아의 건설, 더 나아가 죽지 않고 영원히 사는 문제의 해결까지도 신이 아니라 오로지 인간 자신에게 달려 있다는 것, 인간 중심의 지극히 낙관적이 비전이 이렇게 해서 등장한다.

셋째, 실존주의는 인본주의적 책임지기를 강조한다. 신본주의의 관점에서 인간은 결코 책임을 질 수 있는 존재가 아니다. 예수를 팔아서 넘긴 죄책감으로 자살을 한 유다가 기독교에서 전형적인 죄인으로 꼽히는 것은 무엇보다도 그가 자살을 통해서라도 자신의 죄를 끝까지 책임지려는 존재로 남으려 했기 때문이다. 또는 이것과 반대의 사례로 예수의 십자가 옆에 있던 두 강도 중 한 강도가 세속적으로 선한 일을 하나도 하지 않고서도 예수로부터 구원받은 자로 일컬어지게 된 것은 유다와 달리 그가 자기 죄의 책임을 예수에게 전적으로 넘기는 기독교의 역설적인 은혜에 자기를 맡겼기 때문이다.

하지만 인본주의의 관점에서 책임 소재를 따질 때 인간에게 결코 기독교식 공짜란 있을 수 없다. 인간은 자신이 한 선택을 통해 이 세상 전체에 대해서 책임을 져야 한다. 강연에서 사르트르가 다음과 같이 역설하는 것은 이 때문이다. "이 자리에 계신 분들 모두는 자유에 책임을 져야 합니다!" "여러분은 태어난 이상 홀로 살아가야 하며, 따라서 우리는 이 책임과 더불어 혼자입니다. 이 점은 예외가 없습니다."(105쪽)

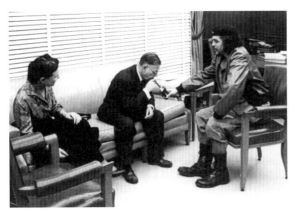
보부아르와 사르트르와 체 게바라. 사르트르는 체 게바라를 "우리 시대의 가장 완벽한 인간"이라고 평했다.

자유 그 자체였던 사르트르의 삶

따라서 우리가 사르트르의 삶 전체를 통해서 열렬한 자유주의자의 모습을 목격하는 것은 당연한 일이다. 내밀한 그의 사적 생활에서도, 그토록 치열하고 활발했던 그의 공적 생활에서도 우리는 언제나 자유주의자 사르트르를 발견한다. 심지어 그는 죽음을 앞둔 순간에도 오로지 자유만을 최상의 가치로 내세운다. "나는 살면서 그랬듯이 죽을 때도 자유를 깊이 느끼며 죽을 것이다."(147쪽)는 그의 말은 자유를 향한 불같은 열망을 보여 주기에 모자람이 없다.

사르트르의 이 자유주의자로서의 면모를 사르트르 개인의 삶의 차원과 그가 속한 집단적 삶의 차원에서 간략하게 확인해 보자.

우선 자유주의자 사르트르는 개인의 삶의 차원에서 있을 수 있는 모든 형태의 구속을 거부했다. 인간은 오로지 자유를 실천함으로써만 살아 있음을 증명할 수 있다고 믿었던 사르트르는 정치, 경제, 관습, 정서, 그 무엇이 되었든 상관없이 자유를 제한하는 것은 모두 다 거부했다. 예를 들어 사르트르는 노벨상을 거부(1964)해 세상을 놀라게 했다. 노벨상이 그가 그토록 혐오했던 부르주아의 상이기도 했고, 또 어떤 이는 자기보다 카뮈가 먼저 받은 상이라 사르트르가 기분이 상했기 때문에 그랬을 것이라고 추측하기도 하지만, 사르트르가 노벨상을 거부한 것은, 그의 관점에서 볼 때 인간에게 즉자적 굴레를 씌우는 것은 그것이 심지어 단순한 명칭이나 명예에 관련된 것이라 할지라도 인간의 대자됨을 제한하는 구속이었기 때문이다. 그는 이처럼 구속과 복종을

모르는 사람이었다. 그의 사전에는 구속, 복종이라는 단어가 없다.

마찬가지 맥락에서 그의 사전에는 소유라는 단어 또한 없다. 가장 강력하면서도 단순한 사례로 사르트르는 자신을 가리켜서 '장상테르'(Jean-sans-Terre, 가진 땅이 전혀 없는 장)라고 할 정도로 물적 소유마저도 구속으로 생각한 자유인이었다. 무언가를 소유하기 위해 염려한다는 것은 사물이 인간을 구속하는, 다시 말해 사물이 인간의 자유를 제한하는 틀이 되기 때문이었다. 사르트르는 그토록 많은 책을 썼으면서도 평생 단 한 권의 자기 책도 소유하지 않았다. 물질세계 속에 살면서 물질을 소유하지 않는 것은 물질세계의 원리를 거스르는 일이기에 결코 쉬운 일이 아니다. 하지만 사르트르는 자유인으로 살기 위해 언제나 무엇이든 소유하기를 멀리했다. 구속 없는 자유인에 대한 그의 이 같은 집착은 심지어 사람을 소유하는 것까지도 구속으로 생각할 정도로 강력했다. 사르트르가 보부아르와 50년이라는 긴 시간 동안 결혼 없이 동거 상태로 지낸 것은, 그것이 아무리 사랑에 근거한 것이라 할지라도 상대를 소유한다는 것은 내가 남을 구속하는 것이자 남이 나를 구속하는 것으로 보았기 때문이다. 우리가 보기에는 참으로 이해하기 어려운 일이지만, 예를 들어 사르트르와 보부아르, 보부아르와 올가, 올가와 사르트르의 삼각관계마저도 이런 식으로 이해할 수 있을 것이다.

한편 자유주의자 사르트르는 집단적 삶의 차원에서도 모든 형태의 구속에 맞서 투쟁했다. 실존주의에서는 개인 차원의 실존적 삶뿐만 아니라 집단 차원의 실존적 삶 또한 강조된다. 인간은 언제나 구체적인 상황 속에 놓여 있다고 할 때, 이 상황 속에는 나 말고 또 다른 대자들, 즉 타인들이 있기 때문이다. 사르트르의 말, "한 사람이 자유롭고 다른 사람들이 자유롭지 않다면, 그건 자유가 아니야. 그런 자유는 있을 수 없어. 관념에 불과해."(78쪽)는 바로 이런 의미에서다. 실제로 사르트르는 철학자, 문학가, 평론가였지만, 그가 처한 상황 속에서 때로는 대독 저항운동가, 레지스탕스 작가로, 때로는 반식민주의자, 현실참여 문학가로, 또 때로는 공산주의자, 대중선동가로 활동한, 극렬한 저항운동가요 행동주의 실천가였다.

따라서 이제는 고전의 반열에 오른 그의 책 『지식인을 위

한 변명』(1972)은 어떤 의미에서 보면 이 같은 자신의 행동주의 실천가의 모습을 투영한 자화상이라고도 할 수 있을 것이다. 그의 수많은 이력 가운데 집단 차원에서의 실존적 삶과 관련해 중요하다고 생각되는 것 세 가지만 골라서 정리해 보면 다음과 같다.

먼저 사르트르는 글쓰기의 의미를 자유의 행사로, 따라서 구속에 대한 거부로 규정한 적극적인 현실참여 문학가였다. 실제로 문학을 사회변혁의 도구로 이용해야 한다는 참여(앙가주망)문학론의 효시가 바로 사르트르다.

다음으로 사르트르는 실존주의적 공산주의자였다. 사르트르는 그가 젊어서 공산주의에 경도된 후 죽을 때까지 자신의 정치적 입장을 바꾼 적이 없다. 하지만 사르트르의 공산주의는 일반적으로 말하는 정통 공산주의와 많이 다르다. 예를 들어 정통 공산주의에서는 혁명의 주체를 프롤레타리아 계급으로 보는 반면, 사르트르의 공산주의에서는 혁명의 주체가 실존적 개인이다. 따라서 사르트르는 가톨릭교도 같은 보수주의자들에게도 비난을 받았지만, 정통 공산주의자들에게서도 많은 비난을 받았다. 실제로 사르트르가 대중에게 미치는 영향력이 무척이나 컸기 때문에 정통 공산주의자들의 눈에 사르트르는 그만큼 더 위험한 적으로 보였을 것이다. 이러한 이념적 충돌 속에서 사르트르는 자신의 실존주의에 기초해 공산주의를 해석한 『변증법적 이성비판』(1960)을 내놓는다. "필연적이라서 피할 수 없는 사회주의와 자유주의의 부활을!"(72쪽), 그의 이 책이 담고 있는 이상이다.

마지막으로 사르트르는 인간의 자유를 지키는 일에서는 그 어떤 양보도 하지 않은 원칙주의자였다. 심지어 사르트르는 반역자라는 말을 들으면서까지 조국 프랑스에 맞서는 일도 마다하지 않았다. 예를 들어 자유주의자로서, 반식민주의자로서 사르트르는 알제리인들과 인도차이나인들을 탄압하는 프랑스에 주저 없이 반대했다. 사르트르의 다음과 같은 말은 그의 이 같은 원칙주의자의 면모를 확실히 증명하고 있다. "우리가 시도할 수 있고 시도해야만 하는 유일한 일은 알제리 민족주의 편에 서서 싸움으로써, 식민 압제로부터 알제리인들과 프랑스인들을 동시에 해방시키는 일입니다." "만약 우리가 입을 다물고 모른 체한다면 우리는 모두 살인자가 되는 것입니다."(136쪽)

그토록 많은 프랑스인들, 아니 세계인들이 사르트르에게 존경을 표한 것은 그가 이처럼 일생을 통해 언제나 일관된 자유주의자, 진실된 인간으로 살았기 때문일 것이다. 비록 빅토르 위고처럼 국가가 주관한 장례식은 아니었지만, 그의 장례식(1980년 4월 17일)에 참가한 수많은 사람들 모두가 또 다른 사르트르들이었을 것이다.

파리 몽파르나스 묘원의 사르트르와 보부아르의 무덤.

국립중앙도서관 출판시도서목록(CIP)

장폴 사르트르 / 마틸드 라마디에 글 ; 아나이스 드포미에 그림
; 임미경 옮김. -- 서울 : 작은길출판사, 2015
p. ; cm

원표제: Sartre : une existence, des libertés
원저자명: Matilde Ramadier, Anaïs Depommier
프랑스어 원작을 한국어로 번역
ISBN 978-89-98066-28-4 04990 : ₩14000
ISBN 978-89-98066-13-0 (세트) 04080

사르트르(인명)[Sartre, Jean-Paul]
서양 철학[西洋哲學]

166-KDC6   CIP2015027229

장폴 사르트르

: 자유로운 실존과 글쓰기를 위해 살다

2015년 11월 25일 초판 1쇄 펴냄
2017년 11월 28일 초판 2쇄 펴냄

마틸드 라마디에 글 | 아나이스 드포미에 그림 | 아나이스 드포미에, 나웰 사이디 채색 | 임미경 옮김 | 박정태 해제

펴낸이 최지영 | 펴낸곳 작은길출판사 | 출판등록 제25100-2014-000022호
주소 서울 노원구 덕릉로79길 23 103-1409 | 전화 02-996-9430 | 팩스 0303-3444-9430
전자우편 jhagungheel@naver.com | 블로그 jhagungheel.blog.me
페이스북페이지 www.facebook.com/jhagungheelpress
교열 신정숙 | 제작 제이오

ISBN 978-89-98066-28-4 04990